Adeus, Stalin!

OBJETIVA

Irene Popow

Adeus, Stalin!

Memórias da menina que fugiu da guerra

OBJETIVA

© 2010 by Irene Popow

Todos os direitos desta edição reservados à
EDITORA OBJETIVA LTDA., rua Cosme Velho, 103
Rio de Janeiro - RJ - CEP: 22241-090
Tel.: (21) 2199-7824 | Fax: (21) 2199-7825
www.objetiva.com.br

Capa
Sérgio Campante

Fotos de capa e contracapa
Acervo família Popow

Fotos de miolo
Acervo família Popow

Revisão
Ana Kronemberger
Tamara Sender
Lilia Zanetti

Editoração eletrônica
Abreu's System Ltda.

CIP-BRASIL. CATALOGAÇÃO-NA-FONTE
SINDICATO NACIONAL DOS EDITORES DE LIVROS, RJ

P865a
    Popow, Irene
        Adeus, Stalin! / Irene Popow. - Rio de Janeiro : Objetiva, 2011.

        228p.   ISBN 978-85-390-0178-1

        1. Popow, Irene. 2. Refugiados - Ucrânia - Biografia. 3. Guerra Mundial, 1939-1945. I. Título.

10-5392.   CDD: 920.994051
                                       CDU: 929:94(100)"1939/1945"

Agradeço

O incentivo e o constante apoio (afetivo e logístico) da minha família: filhos, netos, irmã e amigos (antes, durante e depois do registro dos ecos da minha memória), sem os quais não sei se conseguiria escrever este livro.

O minucioso e cansativo "trabalho de formiguinha" da minha amiga Marlene Manso, em revisar e corrigir estes escritos.

A Cícero Sandroni, pela sugestão do título.

*Para meus netos
João (Jujuba), Pedro (Petrusha), Joaquim (Cossaco),
Ludmila (Miloka) e Antônio (Antoshka),
uma parte de suas raízes.*

Foto 1: Eu com meus netos: Antônio (no colo de Joaquim), Pedro, Ludmila e João

Introdução

Sempre que contava alguma passagem da minha vida, ouvia a mesma pergunta:

— Por que você não escreve?

Ao longo dos últimos vinte, trinta anos, a insistência dos familiares e dos amigos foi aumentando, chegando às vezes a me irritar.

A ideia de escrever não era nova para mim. Guardo as cartas que recebia dos meus amigos ainda do tempo dos campos da Alemanha pós-guerra. Três vieram comigo para o Brasil: Ludmila Shtcherbakova (Lutzi, que morreu em 2002), Lídia Tímtchenko (Lida, que mora no Rio) e Dmitri Domatevitch (Dima, que vive em São Paulo). Os outros estão espalhados pelo mundo, da forma como descreveu Victor Hugo em *Os Trabalhadores do Mar*: "Os vulcões arrojam pedras, as revoluções e as guerras, homens. Espalham-se famílias a grandes distâncias, deslocam-se os destinos, separam-se os grupos dispersos às migalhas; cai gente das nuvens, uns na Alemanha, outros na Inglaterra, outros na América." Ou, como nós, no Brasil. Eu junto as cartas que recebo da Rússia e da Ucrânia desde 1963. Tenho caixas e mais caixas. Tenho a maleta com as anotações do meu pai e uma caixa com as da minha mãe. Guardo tudo, há muito, como "o material para documentar meu livro". Vou reunindo também os fragmentos da minha memória.

Vik, meu segundo filho, me disse certa vez que teria sempre um gravadorzinho para registrar minhas recordações. Eu pensava:

"Tenho que escrever."

Em 1997, em companhia da minha filha primogênita Tatiana, fiz de trem uma viagem histórica: Kiev-Donétsk. Foi uma espécie de volta ao passado, às origens, às raízes, à fonte... Com a câmera de vídeo, ela ia registrando minhas emoções e solicitava mais e mais descrições e relatos. De volta ao Rio, ao ver o filme, me surpreendi com a expressão dos meus olhos, enquadrados em close enquanto eu falava. Minha voz e as histórias que contava não estavam de acordo com meu olhar. Pensei de novo: "Tenho que escrever."

Uma noite saí para jantar com meu filho caçula Andrucha. Não lembro por que comecei a discorrer sobre o 28 de outubro de 1941, o dia da ocupação pelo exército de Hitler da minha cidade natal, Stálino, na Ucrânia, onde moravam meus avôs maternos. Na época, eu tinha 8 anos e estava na casa deles.

Contei como, no dia seguinte, eu e meus dois primos acompanhamos nossa avó ao mercado. Nossa missão era conseguir gêneros alimentícios, fósforos, sabão etc.; tudo o que nosso dinheiro desse para comprar. A manhã era cinzenta. Ventava e fazia frio, mas não chovia. As calçadas estavam cheias de transeuntes. Mulheres com crianças, sacos e sacolas seguiam com passo apressado na mesma direção que nós. Rumo ao mercado. Em silêncio. Parece que todos haviam tido a mesma ideia e tentavam chegar ao mesmo destino. E, de preferência, antes dos outros. Soldados alemães e italianos patrulhavam as ruas. Observavam o movimento mas não impediam o fluxo das pessoas. Jipes e caminhões militares rolavam pelas vias esburacadas, e o cheiro de gasolina dos canos de descarga misturava-se ao de trigo queimado. Oficiais com rifles nas mãos estavam em toda parte. Cartazes com diretrizes e normas emplastavam as paredes. Eram escritos com letras bem grandes, em russo. As letras maiores ordenavam: "No prazo de 24 horas, todos os judeus devem apresentar-se ao posto de registro instalado na Primeira Linha." As letras menores diziam: "Todos os médicos e servidores da saúde têm que comparecer às suas unidades de trabalho, e todos os mineiros, engenheiros, mecânicos e eletricistas têm que se apresentar na prefeitura. Qualquer tentativa de pilhagem e saque será sumariamente castigada."

Ao sair de casa eu me recusei a vestir o casaco grosso. Aleguei estar com calor e joguei um casaquinho de lã por cima do vestido. Enquanto andávamos com passos apressados, cheguei a suar. À medida que nos aproximávamos do mercado, tivemos que diminuir o passo. O fluxo de mulheres com crianças e de homens idosos aumentava. Vinham de todas as direções rumo ao mercado.

Era difícil para nós três andar ao lado da vovó. Eu segurava sua mão e os dois meninos vinham logo atrás. Na minha frente eu via apenas as pernas e as costas dos adultos, além das cabeças das crianças. Ventava muito e comecei a tremer. De repente, suspendemos o passo. Mulheres e crianças estavam paradas na calçada. Algumas tinham a boca aberta, e outras a tapavam com a mão, apontando para cima. Meu olhar acompanhou a direção dos dedos e vi dois homens, pendurados pelo pescoço por grossas cordas, pendendo da sacada de um prédio. Com a cabeça inclinada e as mãos amarradas para trás, os corpos balançavam a cada rajada de vento. Havia um papel preso à camisa, com uma palavra escrita em letras imensas: SAQUEADOR.

Arregalei os olhos. Um terror percorreu minha espinha. Ao tremor do frio juntou-se o do pavor. Meus dois primos se agarraram à cintura de vovó e nós quatro formávamos uma estátua viva. Eu mal conseguia pronunciar as palavras graças aos meus dentes, que não paravam de bater. Gaguejando, perguntei à vovó:

— Bábuchka, eles estão mortos?

Ao que ela respondeu, tranquilamente:

— Sim, Íratchka. Depois em casa eu explico. Vamos andando, temos muito a fazer.

A calma da sua voz pareceu música aos meus ouvidos. Penetrou em mim como um bálsamo, aquietando e aquecendo meu corpo. Era meu primeiro encontro com a morte, e uma pergunta não me saía da cabeça: "Se os homens foram mortos pelo pescoço, por que seus corpos não estrebuchavam como os das galinhas que eu via serem degoladas no pátio da vovó?"

Mas permaneci calada.

De repente, me dei conta de que os olhos de Andrucha estavam cheios de lágrimas. Ele estava comovido com meu relato e chorava no restaurante lotado, onde as televisões transmitiam o encerramento dos Jogos Olímpicos de Atlanta de 1996, que nós tínhamos combinado de assistir juntos. Pensei: "Os ecos da minha memória estão se tornando cada vez mais fracos, podem morrer totalmente até chegar aos ouvidos dos meus netos. A eles sobraria somente um relato indireto, se tanto."

Foi naquele momento que decidi:

— Vou escrever!

Capítulo 1

Meu pai, Alexandr, ou Sacha, último dos quatro filhos do casal Ivan e Anna, nasceu em 1903, em Losovaya. Ivan Mitrofffánovitch Popow, vovô Vânia, era proprietário de uma mina de carvão em Donbáss. Anna Mitroffánovna Dolinska (Gabai-Dúlina por parte de mãe, de origem tártara), vovó Anya, tinha 15 anos quando se casou. Foi um casamento arranjado entre os pais dela e vovô, 14 anos mais velho. Os dois se viram pela primeira vez no dia do casamento, e vovó tinha muito medo dele. Mas vovô era tão gentil, carinhoso e respeitador, que ela se apaixonou logo. Com vovó Anya tive uma longa e afetiva convivência. Eu adorava ouvir os relatos do casamento. Pedia que me contasse e recontasse, de novo e de novo, apesar de saber de cor cada palavra daquela história. Mas também porque sabia que ela adorava contá-la. Entre outras coisas, o dote de vovó incluía um faqueiro de prata com o monograma AP, Anna Popowa, gravado nos cabos em letras cirílicas. Tenho uma colher do faqueiro. Vovó a carregava escondida por debaixo das roupas e me deu depois da guerra.

Meus avós paternos tiveram quatro filhos. Os dois mais velhos serviram no exército do czar durante a Primeira Guerra Mundial. O primogênito, tio Vladímir (Volódia ou Vova), morreu no front no início do conflito, em 1914. Tio Mikhail (Misha) desertou e fugiu para a Bulgária diante da Revolução de 1917. Tia Elena (Lena), minha madrinha, estudou em São Petersburgo e se formou em contabilidade. Ela chegou a trabalhar na empresa do pai, uma atitude muito progressista para a época.

Foto 2: Vovó Anya, mamãe e eu, com 2 anos

Depois da Revolução, a mina do meu avô foi desapropriada. Vovô Vânia deve ter sido um bom e querido patrão. Em vez de ser deportado para a Sibéria ou fuzilado — destino da maioria dos donos de minas —, ele, por votação de seus empregados, foi absolvido do crime de ter sido proprietário e voltou a trabalhar como engenheiro na mina que até então era dele.

Tia Lena casou-se com um engenheiro de minas, Terenti (tio Tira), e teve dois filhos: meus primos Vladímir (Vova) e Nina. Tio Misha, que morava na Bulgária, resolveu não voltar mais à Ucrânia, porém regularmente trocava cartas com a mãe. Com a instauração do regime bolchevique e a criação da União Soviética, a correspondência com o exterior ficou proibida, e a desobediência passou a ser considerada traição à pátria. Quando vovô Vânia morreu em decorrência de uma inflamação aguda da garganta, vovó Anya foi morar com a filha.

Apesar de meu avô ter sido absolvido da acusação de possuir uma mina, meu pai, que à época da Revolução tinha apenas 14 anos, sofreu uma série de perseguições e discriminação por ter um pai ex-proprietário e uma mãe que se correspondia com um filho no exterior. Por estas razões, meu pai não tinha direito a bolsa de estudos, foi expulso várias vezes da universidade e demorou dez anos para se formar em mineralogia e em engenharia de construção de minas de carvão.

Enquanto tio Tira trabalhou sempre na mesma mina, meu pai não ficava muito tempo em uma só. Morávamos sempre distante da mina do tio Tira. Por isso, a convivência das nossas famílias não era diária, embora muito amorosa. Passamos a conviver mais estreitamente durante e após a guerra.

Diversos parentes meus optaram pela profissão de mineiro. A região de Donbáss é chamada de "reino do carvão" e tem dezenas de minas. Tudo bem que meu pai quisesse seguir a profissão do pai, assim como meu primo Génia e tio Tira. Mas me pergunto sempre: e minha tia Larissa (Liália), irmã mais nova da minha mãe, por que optou por ser mineira?

Em minha opinião, trabalhar em mina significa escolher a opção "trabalho forçado voluntário". Significa estar quilômetros abaixo da terra, sem luz nem ar suficientes; respirar e ter todos os poros penetrados pela poeira do carvão. Ao sair da mina, o mineiro fica irreconhecível — preto da cabeça aos pés, apenas o branco dos olhos sobressaindo. E as explosões frequentes? Os incêndios? Os desabamentos? Aliás, eles ocorrem até hoje na Rússia, na Inglaterra, na China, no Chile e na Ucrânia. Em novembro de 2007, houve uma explosão na maior mina de Donétsk — uma das muitas onde meu pai trabalhou —, com mais de cem mortos e vários feridos. É possível que tia Larissa tenha optado por essa vida porque os engenheiros de minas ganhavam melhores salários e tinham direito a casas mais confortáveis. Mesmo assim...

Encontrei há pouco tempo um verso em ucraniano entre os papéis da minha mãe. Com tinta vermelha, ela escreveu que havia estudado aquele poema em 1923, aos 11 anos, em Yúsovka.

Está úmido e escuro
que nem num poço profundo.
A picareta caiu das mãos
é difícil respirar...
As costas estão se quebrando...
A cabeça lateja dolorosamente...
"Por que parou? Não dormite!
Pegue a picareta — escave!"
Um único pensamento — descansar um minuto...
Deixem-me congelar para a eternidade!
"Por que parou? Não dormite!
Pegue a picareta — extraia!"

Às vezes penso: "Será que existe uma profissão pior do que a de mineiro?"

Depois de ter se formado em 1931, aos 28 anos, meu pai começou a trabalhar nas minas, e no ano seguinte se casou com minha mãe, nove anos mais jovem. O dia do casamento foi uma festa tríplice: o casamento, o Primeiro de Maio — Dia Internacional do Trabalho, que na União Soviética era festejado durante 72 horas — e o aniversário da minha mãe. Desde o casamento até a ocupação alemã, em 1941, meu pai foi várias vezes transferido de uma mina a outra, sempre sob a justificativa de redução de pessoal. Na realidade, isso se dava pelas mesmas razões que atrasaram sua formatura: a suspeita de que ele fosse um potencial inimigo do povo.

Ser transferido de mina significava mudar de casa. Assim como tudo no país, as minas e as casas pertenciam ao governo. Logo, as residências eram vinculadas às minas. Nas melhores moravam os engenheiros, os técnicos e a diretoria. As moradias dos mineiros e dos operários eram bem menores e afastadas das minas e das casas maiores.

De acordo com as contas de minha mãe, desde meu nascimento, em 1933, até a deportação para a Alemanha, dez anos mais tarde, fomos despejados e transferidos dezenas de vezes. No Brasil, em mais de sessenta anos, fiz somente seis mudanças. Mas como há males que vêm para o bem, a vida nas minas me proporcionou a vivência no campo junto a várias lavouras e o contato com a criação de animais.

Fotos 3 e 4: O belo casal Alexandr e Valentina, em fotos tiradas em 1930, dois anos antes do casamento

Morar em qualquer região da União Soviética exigia a *propiska*, um "registro de residência". Era uma formalidade obrigatória a todo cidadão soviético — e é até hoje na Rússia e na maioria das ex-repúblicas soviéticas. A empresa para a qual o cidadão era encaminhado a trabalhar designava-lhe a moradia. O documento de identidade era — e ainda é — o passaporte, no qual além dos habituais dados de identificação também constavam o nome da empresa em que o portador trabalhava e o endereço de residência.

Ao chegar a algum lugar onde ia permanecer por mais de 24 horas, o cidadão tinha que se dirigir ao escritório de registros e fornecer o endereço de hospedagem. A informação era registrada no passaporte, uma forma de controlar a circulação dos habitantes pelo país. Dessa maneira meu pai era proibido de permanecer mais de 24 horas nas maiores cidades da Ucrânia, a não ser que estivesse numa missão oficial de trabalho, fato também registrado em passaporte. Stálino, onde meus avós maternos moravam e ao redor da qual se encontrava a maioria das minas de carvão, era uma das grandes cidades da Ucrânia. Portanto, era proibida ao meu pai. Como as minas não estavam localizadas dentro das cidades, nos instalávamos em algum dos povoados próximos ao local de trabalho de meu pai. Nossa última residência antes da guerra foi Kalínovka.

Paradoxalmente, em contraste com as normas de locomoção pelo país, todos nós, nascidos e criados na União Soviética, cantávamos todos os dias uma espécie de "Hino à Pátria". A música era alegre, leve, e a letra dizia: "É vasto o meu querido país. Há nele muitos mares, florestas e rios. Eu não sei de outro país igual a este, onde o Homem respira tão livremente. De Moscou até os montes Urais, das montanhas do sul até os mares do norte, feito seu legítimo dono, o Homem marcha através da sua vasta pátria."

Cantávamos e acreditávamos!

Papai tinha uma memória privilegiada e era um grande contador de histórias. Era também um piadista por excelência. Contar piadas é um traço tipicamente russo. Basta velhos conhecidos se reunirem, ou mesmo os que se conhecem há poucos minutos, para logo começarem a jorrar piadas atrás de piadas, numa torrente interminável. Na Rússia, costumam dizer que "quando os gatos estão arranhando sua alma, conte ou escute uma piada", pois é melhor rir do que chorar, e as piadas aliviam o lastro e a dor da vida. Cresci com piadas. Algumas carrego desde o berço, outras foram ouvidas por detrás das portas, quando me mandavam sair por acharem que a piada poderia ser inadequada à minha idade ou perigosa pelo conteúdo político. Aprendi com papai a me referir a uma piada bem velha com um comentário:

— Ih! Agora sei por que Caim matou Abel. Foi por ele ter contado esta piada.

Nas festas e nas reuniões de família, papai era sempre o centro das atenções. Era dono de uma voz de baixo profundo e suas gargalhadas pareciam trovões. Falava alto, e a primeira coisa que nossos amigos estrangeiros aprendiam em russo era a frase que mamãe repetiu inúmeras vezes ao longo de nossa vida:

— Sacha, nié kritchí. (Sacha, não grite.)

Quando bebia um pouco, papai tornava-se ainda mais alegre. Gostava de cantar, apesar de ser a pessoa mais desafinada do mundo. Ele próprio costumava dizer que, ao nascer, um elefante pisou no seu ouvido. E gabava-se de conseguir desafinar qualquer coral, até o do Exército Vermelho. Gostava de imitar as danças georgianas, mas, em vez do par de punhais, papai pegava um garfo, uma faca e saía pulando pela sala. Ele amava carteado, sinuca e era um exímio enxadrista. Tinha muitos livros sobre xadrez e estudava as táticas dos movimentos. De noite, quando todos dormiam, papai ficava sobre o tabuleiro com as peças brancas e pretas dispostas nas posições indicadas em seus livros, e estudava os movimentos seguintes. Eu sempre brincava:

— E aí, papai, quem ganhou? A mão esquerda ou a direita?

Mas seu talento, além das piadas, eram as inúmeras mágicas. Papai morreu em 1972, e recebi cartas de condolências dos muitos amigos espalhados pelo mundo. Todos, sem exceção, mencionavam sua alegria e erudição, suas piadas e mágicas.

Deus não foi apresentado nem discutido na minha infância. A expressão "Deus me livre" era escrita com "d" minúsculo e significava "de jeito algum".

Deus, Deus mesmo, para mim era Stalin. Para mim e para todas as crianças da União Soviética. Ele era chamado de "nosso pai bem-amado", "nosso querido guia e mestre", "nosso querido e amado Stalin", "maior governante de todos os tempos e de todos os povos" etc.

Ele também era o mais sábio dos sábios. No livro *Mort de Staline*, Georges Bortoli, jornalista e escritor francês que durante 25 anos se dedicou à questão russa e viveu muito tempo no país, escreveu:

> *Não havia em toda a União Soviética uma única publicação, fosse ela livro, brochura, fascículo ou uma tese de química, astronomia, botânica, filologia, ou de qualquer outro assunto, que não contivesse várias referências ao seu pensamento, ao seu ensinamento. Foram poucas as festas de família, de casamentos, de aniversários, onde um brinde não lhe fosse dirigido — geralmente o primeiro. Na maioria dos apartamentos havia sua fotografia ou busto — réplicas das efígies pelas quais os cidadãos são recebidos nas administrações, estações de metrô, salas de aula e caixas de lojas, usinas e nos cinemas (onde a imagem de Stalin figura à esquerda da tela, e a de Lenin, à direita, ambas acompanhadas de uma citação apropriada de suas obras). (...) Na estação de trem de Moscou, uma das oito estações da capital, um engenheiro chegou a contar 101 retratos e bustos de Stalin. (...) Suas estátuas erguem-se nas clareiras das florestas, nos cumes das montanhas. Seu olhar inflexível e justo segue o cidadão do amanhecer ao anoitecer, até a sua intimidade mais secreta. Ele é invisível, aquele cujas aparições são raras como os milagres. Mas também é onipresente, o olho que tudo vê.*

Em cada creche, jardim de infância e escola existia um lugar chamado "Krásnyi Ugolók". Em cada "Cantinho Vermelho" havia retratos das figuras mais proeminentes do comunismo. Era uma espécie de altar sagrado para o deus Stalin.

No "Cantinho Vermelho" havia os ícones de Lenin — uma espécie de arcanjo anunciando o paraíso na Terra (nas creches e jardins de infância havia fotos de Lenin ainda menino, de cachinhos louros), Marx e Engels — os profetas — e Pavlik Morozov, o mártir. O menino Pavlik, que denunciou os pais às autoridades, foi considerado um exemplo que todas as crianças deveriam seguir. O retrato de Stalin era o maior e o mais belo de todos.

Krásnyi significa "vermelho" em russo, e em russo arcaico significa "belo, bonito". Quando a catedral de São Basílio, em Moscou, ficou pronta, pouco antes de 1500, Ivan, o Terrível, chamou-a de *krásnaya*, "bonita", e a praça ao redor passou a ser chamada de Krásnaya Plóshchad, "praça Bonita". Não tinha nada a ver com a cor dos tijolos do Kremlin e muito menos com a cor da bandeira comunista. O nome atual, praça Vermelha, foi uma feliz coincidência para o comunismo russo.

As milhares de imagens de Stalin impregnavam a mente das crianças. Minha favorita era a foto do líder segurando a filha Svetlana no colo. Meu Deus! Como nós todas queríamos ser chamadas de Svetlana. Como invejávamos a Svetlana no colo do nosso deus.

Foto 5: O sonho de todas as meninas russas.
Queríamos ser Svetlana, a quem o pai, o líder Stalin, pegava no colo

Morávamos num conjunto residencial em Kalínovka, arredores de Stálino. Um dia, criei coragem e resolvi escrever uma carta ao meu deus. Tinha uns 6 anos. Não falei a ninguém sobre minha decisão. Não perguntei, nem sequer pedi um conselho de como fazê-lo. Arranquei uma folha quadriculada de um caderno de aritmética e comecei a escrever. Escrevi sobre como era imenso meu amor e descrevi a veneração que sentia por ele. Pedi... não!, não pedi, implorei que ele me chamasse para conhecer Moscou. Escrevi que, quando eu entrasse no Kremlin, queria que ele me pegasse no colo como fazia com Svetlana.

Tinha aprendido no jardim de infância a confeccionar um envelope. Dobrei outra folha quadriculada e fiz dela o envelope. Faltava cola. Fabriquei-a dissolvendo um pouco de farinha de trigo em água morna. Colei as bordas do envelope, coloquei a carta dentro e escrevi:

*Ao Stalin,
no Kremlin,
em Moscou.*

Escondi a carta debaixo do vestido e disse em casa que ia brincar na rua. Morávamos no quarto andar. Desci correndo e fui direto à caixa de correio, pregada na parede do prédio. A fresta da caixa era muito alta para meus 6 anos. Fiz várias tentativas para alcançá-la e introduzir minha carta. Ficava na ponta dos pés e dava pulinhos. Em vão.

Não desisti. Tentei vários outros expedientes até que arrumei alguns tijolos que me serviram como escada e... oh, felicidade! — minha carta se encaixou na fresta, deslizou e caiu no fundo da caixa. Meu coração batia tão depressa que parecia sair pela boca. Ondas de tremor e espasmos percorriam meu corpo. Pensei que estivesse morrendo. Foi a emoção mais forte que eu havia sentido até então. Quando tive meu primeiro orgasmo, reconheci a sensação — era a mesma da postagem da carta ao Stalin.

De 1934 a 1939, período chamado de "Bolhshaia Tchistka", "O Grande Expurgo", Stalin, sob a justificativa de erradicar os "inimigos do povo", prendeu, fuzilou e exilou milhões de pessoas para os campos de trabalhos forçados na Sibéria. Para fortalecer seu poder, aniquilou quase dois terços dos quadros do Partido Comunista, dilacerou o alto-comando do Exército Vermelho e exterminou um imenso número de civis — da elite cultural até o mais humilde dos cidadãos.

Instaurou-se a desconfiança, o medo, o silêncio. Apesar de estar ciente do que acontecia, a maioria da população passou a ser muito cautelosa e fingia nada saber. As denúncias proliferavam. Uma palavra contrária ao regime ou mesmo uma piada política podia levar à prisão.

Prendiam em geral na calada da noite. Eram, literalmente, prisões silenciosas: batiam de leve na porta, pediam em voz baixa que abrissem e davam ordem de prisão. Não havia resistência. A pessoa se vestia, fazia uma pequena trouxa, beijava os seus chorando e ia embora com os "visitantes" sem dizer nada. Os vizinhos observavam pelas frestas das portas ou por trás das cortinas. No dia seguinte ninguém comentava nada. Evitavam contatos maiores com os membros da família do preso por temerem a acusação de colaborarem ou participarem dos supostos delitos da pessoa. Quase todas as famílias tinham algum parente próximo ou distante preso. A desconfiança maior era com as famílias nas quais não havia nenhum preso.

Uma piada da época revela como nos sentíamos. A pergunta "Como vai?" era respondida com a frase "Como um ônibus lotado: metade do povo está sentada (presa) e a outra em pé, chacoalhando (de medo)".

Lembro-me também de uma historinha sobre o pavor de ser acusado. Por mais absurda que fosse a razão, o fato podia se tornar verdade. O diretor de uma escola, ao ver o professor de literatura russa andar muito irritado, pergunta-lhe o que está acontecendo. O mestre conta que acabara de perguntar a um aluno quem escrevera *Eugênio Oneguim*. Ao responder "Não fui eu", foi-lhe ordenado que viesse no dia seguinte acompanhado dos pais. "Imagine só", continua o professor, "eles vieram e choraram, jurando que o filho não mente. E se o menino afirmou não ser o autor de *Eugênio Oneguim*, então eu tinha que acreditar na sua palavra". Indignado, o diretor ordena ao professor: "Mande os pais virem falar comigo amanhã." Assim foi feito. No dia seguinte, o diretor chama o professor e, esfregando as mãos euforicamente, lhe comunica: "Pronto! Confessaram e assinaram! Foram os três juntos que escreveram o *Eugênio Oneguim*."

Eugênio Oneguim é a mais famosa obra de Alexandr Pushkin, maior poeta russo. Baseado no poema, Tchaikovsky compôs música para ópera e balé.

Na União Soviética, os "inimigos" em potencial das famílias não eram somente o vizinho, o colega ou o transeunte, mas também os filhos. As crianças eram estimuladas pelos professores a contarem o que acontecia em casa. Os pais, cautelosamente, advertiam os filhos a não falarem sobre o que escutavam ou viam. Os filhos eram temidos devido ao "fator" Pavlik Morozov.

Pavlik Morozov foi glorificado como mártir pela propaganda soviética a partir de 1932. Segundo a versão da época, ele era filho de camponeses, pertencia à juventude comunista e aos 13 anos denunciou o pai às autoridades, acusando-o de dissidente e inimigo da coletivização. O pai foi preso e condenado a trabalhos forçados. Como consequência, o avô teria matado o garoto com a ajuda da família. A vida de Pavlik representava o exemplo que todo bom cidadão soviético deveria seguir — tornar-se um delator, ainda que dos próprios familiares. Pavlik foi declarado o patrono dos jovens pioneiros (escoteiros soviéticos), e lhe foi outorgado o título de "Herói-Pioneiro da União Soviética Número 001".

Em 1948 foi erguida uma grande estátua de Pavlik em Moscou e lançados selos postais comemorativos. A partir de 1932 sua fotografia foi impressa em todos os livros escolares da época. A dele e a de Stalin.

O escritor Yuri Druzhnikov pesquisou o que havia de verdade nessa história, e quase todos os fatos da versão oficial foram desmentidos no livro biográfico *Informer 001, the Myth of Pavlik Morozov*, publicado em 1988.

Quando meus pais queriam conversar sem ser ouvidos, eles se fechavam no banheiro, puxavam a descarga e falavam, com o som da água abafando suas palavras. O dito de então era "As paredes têm ouvidos", o que me faz lembrar dos cartazes que vi posteriormente espalhados por toda a Alemanha durante a guerra: "*Achtung! Feind hört mit!*", "Cuidado! O inimigo também está ouvindo!".

O temor de ser ouvido por alguém passível de ser um denunciante acompanhou meus pais por décadas. Já morando no Brasil, muitas vezes minha mãe, antes de me contar algo confidencial, olhava para os lados e bem baixinho começava o relato. Eu dizia: "Mámatchka, estamos sozinhas em casa. Por que você está sussurrando?" E meu pai sofria de pesadelos frequentes. Sonhava que estava sendo seguido, agarrado, capturado e torturado. Acordava com os próprios gritos, tremendo e banhado de suor.

Quando, no dia 22 de junho de 1941, a Segunda Guerra Mundial começou para a União Soviética, Stalin era uma figura detestada em muitas das repúblicas soviéticas por causa do seu regime de terror. Em algumas regiões, principalmente na Ucrânia Ocidental e na Crimeia, os nazistas foram vistos como libertadores e recebidos com flores, pão e sal — em sinal de boas-vindas e hospitalidade. Mas logo, ao perceberem que Hitler também não era flor que se cheirasse, as pessoas se deram conta do erro e passaram a dizer que era "melhor aturar nosso demônio do que o estrangeiro. Pelo menos ele fala russo".

Capítulo 2

Nasci em novembro de 1933, na cidade de Stálino, na Ucrânia, uma das 18 repúblicas que faziam parte da então União Soviética. Nasci no auge do Holodomor (1932-1933), palavra em ucraniano que significa "matar pela fome". Era uma fome artificial, deliberadamente planejada, criada e executada por Stalin e seus colaboradores.

Nos anos 1920, a política de coletivização havia sido introduzida na União Soviética: transformar as terras de propriedades particulares em cooperativas estatais. Como a adesão compulsória encontrou grande resistência entre os camponeses, Stalin decretou, em 1930, que fazer parte das cooperativas não era mais obrigatório. Mas em dois meses o líder testemunhou a coletivização cair de 60% para 23% das terras. Diante do fato, Stalin revogou a autorização e começou uma impiedosa perseguição aos proprietários de terra. Declarou ele num Congresso Marxista de Agricultura: "Da política de limitar as tendências exploratórias dos *kuláks* (proprietários de terra), nós passamos à política de liquidar os *kuláks* como classe." Iniciou-se o processo de "deskulakização" em toda a União Soviética. Na Ucrânia, um objetivo adicional foi perseguido: forçar sua elite cultural à "russificação". A língua oficial das escolas e das publicações passou a ser o russo.

Qualquer manifestação de autonomia política era punida com deportação para a Sibéria ou com fuzilamento. Cerca de 2 milhões de famílias foram deportadas em trens de gado ou em caminhões para as colônias e campos de trabalhos forçados nas áreas desabitadas da Sibéria e da Ásia Central.

O camponês que vendesse o excedente da sua produção era automaticamente classificado como *kulák*. Alfaias, colheitas, gado e aves deviam ser entregues aos *kolkhoz* (*kolectivnoie khoziáistvo*), às propriedades coletivas.

Revoltados, muitos camponeses, presos pelo cordão umbilical à sua terra, destruíram parte do patrimônio e preferiram matar todos os seus animais a repassá-los às fazendas coletivas. Nos primeiros dois meses de 1930, milhões de cabeças de gado, porcos, cabras e cavalos foram mortos. Como resultado, um quarto do total existente desses animais foi extinto. Como bem descreve o escritor russo Alexandr Soljhenitsyn no livro *Arquipélago Gulag*: "o Holodomor foi uma fome que apareceu algures, sem seca e sem guerra".

Milhares de supostos *kuláks* foram sumariamente executados, e suas propriedades, desapropriadas. As aldeias foram cercadas pelo Exército e qualquer pessoa que tentasse chegar às cidades vizinhas — onde, apesar do racionamento, era possível conseguir alguma comida proveniente das fazendas coletivas — era fuzilada.

Foto 6: Uma das inúmeras valas comuns do Holodomor/Holocausto Ucraniano. Ignorado no Ocidente, o genocídio perpetrado por Stalin aniquilou milhões de civis

Esqueléticos, os ucranianos submetidos àquela situação em nada se diferenciavam dos judeus exterminados nos campos de concentração nazistas. Morriam em suas casas. Morriam nas ruas. Caíam como moscas. Os corpos eram recolhidos, empilhados em carroças, levados para os campos e despejados em valas comuns.

O jornalista e escritor russo Vasili Grossman escreveu no livro *Tudo Flui*:

> *Parecia que nada poderia ter sido pior do que aquilo. Mero engano. Os* kuláks *foram liquidados, mas o espírito "kulakiano" permaneceu. O camponês ucraniano não se imaginava sem sua propriedade privada. Para forçá-lo, veio a execução pela fome — o Holodomor.*
>
> *Mas quem foi que assinou o decreto de execução em massa? Stalin? Um decreto desses nem o czar, nem os tártaros, nem os ocupantes alemães assinaram. O decreto rezava — matar pela fome os camponeses na Ucrânia e também as suas criancinhas.*
>
> *...E os filhos dos camponeses? Alguma vez vocês já viram nos jornais as fotografias das crianças dos campos de concentração alemães? Eram exatamente como estas. Suas cabeças eram bolas enormes sobre pequenos pescoços, como se fossem cegonhas, vendo-se cada osso dos braços e das pernas a salientar-se por debaixo da pele e todo o esqueleto a sobressair na pele que parecia ser de gaze amarela. E os rostos das crianças mostravam-se envelhecidos e atormentados, como se tivessem 70 anos de idade. E na primavera já nem sequer rostos tinham. Em vez disso, tinham cabeças semelhantes a pássaros com bicos, ou a cabeças de rãs, de lábios finos e compridos, alguns assemelhando-se a peixes de boca aberta. Rostos não humanos.*

A depender da fonte, o número de vítimas do genocídio ucraniano varia entre 5 e 10 milhões, mas a maioria calcula em 8 ou 9 milhões. Essas pessoas foram exterminadas pela fome em menos de dois anos. Em tempos de paz!

São 30 milhões os que morreram em consequência da "liquidação dos *kuláks* como uma classe", da fome de 1932-1933, do "Grande Expurgo" de 1934-1939, de doenças em decorrência da fome ou nos campos de trabalho forçado. Somados aos civis e militares que perderam a vida durante a Segunda Guerra Mundial (1939-1945), o total de mortos entre 1918 e 1945 chega a 50 milhões.

Stalin, certa vez se referindo aos mortos na Primeira Guerra Mundial, disse: "A morte de uma pessoa é uma tragédia. A morte de milhares de pessoas é uma estatística." E eu pergunto: e a morte de milhões de pessoas, ucranianos na sua maioria, por causa do Holodomor, o que é?

Eu mesma respondo: Holocausto.

Com o fim da União Soviética, em 1991, e com a consequente recuperação da independência da Ucrânia, foi instituído pelo Parlamento ucraniano, em 1998, o Dia da Memória das Vítimas da Fome e das Repressões Políticas, feriado que cai sempre no quarto sábado do mês de novembro. O silêncio e a indiferença da comunidade internacional naquela época perante a monstruosidade de Stalin estão sendo timidamente corrigidos agora. Inúmeros esforços por parte de vários países (o Brasil incluído) vêm sendo feitos para que o Holocausto do Holodomor seja reconhecido oficialmente como o Ato de Genocídio Ucraniano ou o Holocausto Ucraniano. Alguns escritores e jornalistas, testemunhas daquela época, escreveram a respeito, mas seus relatos foram pouco divulgados.

Tenho um sentimento misto de admiração e inveja cada vez que ouço ou leio que, durante o nazismo de Hitler, 6 milhões de judeus foram mortos. Admiração porque os judeus conseguem manter viva a lembrança das atrocidades nazistas através de filmes, livros, artigos, palestras, exposições. Não deixam ninguém esquecer. Todos, na ponta da língua, sabem: 6 milhões de judeus morreram por ordem de Hitler. Inveja porque os russos e os ucranianos não o fazem; não divulgam que 30 milhões de conterrâneos morreram vítimas do comunismo de Stalin. Raríssimas vezes se fala ou se escreve a respeito.

Dez milhões de ucranianos morreram durante a Segunda Guerra, e cerca de 2,3 milhões foram levados para campos de trabalho forçado na Alemanha (dois terços de todos os eslavos deportados). Com o fim do conflito, muitos não quiseram voltar para a União Soviética e emigraram para vários países. Minha família veio para o Brasil, mas a maioria seguiu para o Canadá e os Estados Unidos. O Ukrainian Canadian Research & Documentation Center, com sede em Toronto, lamenta que, dos 300 mil imigrantes ucranianos, apenas dois gravaram depoimentos em vídeo sobre os campos de concentração de trabalhos forçados Ostarbeiterlager (Campo de Trabalhadores do Leste), na Polônia, e nenhum sobre o Holodomor.

No entanto, existem dezenas de milhares de relatos feitos por judeus sobre suas vivências nos campos de extermínio. Jorge Mautner, que nasceu no Brasil, deu um intrigante título ao seu livro autobiográfico: *O Filho do Holocausto*.

É ou não para ter admiração e inveja?

Ao mesmo tempo, fico irritada com a crescente glorificação de Olga Benário e Luís Carlos Prestes, que aumentou após o livro de Fernando Morais e o filme de Jayme Monjardim. Ambos são muito bons. Porém, uma obra com qualidade estética considerável sobre Hitler ou Stalin não justifica o enaltecimento desses líderes.

Olga, judia alemã e filiada ao Partido Comunista, revolta-se contra o nazismo e a perseguição ao seu povo, foge para a Rússia e abraça o comunismo de Stalin. Mas ela ignora — ou talvez apoie — a perseguição do dirigente soviético aos milhões de "inimigos do povo". Prestes, que mora em Moscou desde 1931, é treinado com Olga para liderar uma revolução armada no Brasil.

Não acredito que os dois estivessem alheios ao que acontecia na União Soviética. Posteriormente, devido à Cortina de Ferro e ao isolamento absoluto, foi possível esconder a existência do muro de Berlim. Entretanto, era quase inconcebível ignorar os milhões de mortos pelo Holodomor e pelos expurgos de Stalin, que era de conhecimento de toda a população soviética. O mesmo comunismo que Olga e Prestes queriam implantar no Brasil. Eles então chegam ao Brasil em 1934, fiéis ao lema "Os fins justificam os meios". A tentativa fracassa e os dois são presos.

Porém, nada justifica a decisão da ditadura de Getúlio Vargas de entregar Olga, grávida, à morte nos campos de Hitler. Nada faz dela uma heroína tampouco. A glorificação do casal é bem diferente da de Anne Frank, judia alemã também morta num campo nazista. Seu diário foi traduzido para dezenas de línguas. A casa em Amsterdã, onde se escondeu com os parentes durante a guerra e na qual registrou suas anotações, virou merecidamente um museu.

Os russos e os ucranianos têm um traço em comum com os brasileiros: a capacidade de transformar a própria desgraça em piada. Há uma daquela época que conheço desde pequena. Um homem vai a Moscou a trabalho e encontra um velho amigo na rua. O amigo conta que se casou e o convida para pernoitar em sua casa. Só que ele mora numa *komunalka* (apartamento comunal), no qual ocupa dois cômodos: quarto e sala. O banheiro e a cozinha são de uso comum.

Jantam, bebem muito e vão dormir. O homem no sofá da sala e o amigo com a mulher no quarto. No meio da noite o homem acorda com uma forte dor de barriga. Corre para o banheiro mas a porta está trancada. Pensa em pular pela janela e fazer na rua, mas se lembra de que está no décimo andar.

Desesperado com as cólicas, começa a vasculhar o armário de louça e encontra um grande vidro vazio com tampa. Alivia-se, fecha bem o recipiente, devolve-o ao armário e deita-se novamente. De manhã, quando a mulher do amigo abre a porta e vai para a cozinha, o homem pula da cama, pega suas coisas e sai correndo na ponta dos pés.

Minha mãe me contava que, no verão de 1933, grávida de mim, ela frequentemente desmaiava de fome. Nas lojas, os únicos produtos disponíveis eram arenque em salmoura, mostarda e abóboras. Todos os demais alimentos tinham que ser permutados por metais ou pedras preciosas. Nas padarias, havia balanças de precisão para pesar os anéis e os dentes de ouro, os quais eram trocados por pão ou farinha. Como toda atividade comercial pertencia ao governo, isso não deixava de ser uma forma de aumentar as reservas do Estado soviético.

Passa-se um ano e o homem vai de novo a Moscou e encontra o mesmo amigo na rua, que pronto lhe pergunta: "O que houve, por que você sumiu? O que nós te fizemos?" Surpreso, o homem responde: "Então vocês não estão zangados comigo?" "Nós, zangados com você? E por quê?" Mal o homem acaba de contar o que tinha acontecido naquela noite, o amigo começa a arrastá-lo, dizendo: "Vem, vem! Você tem que vir comigo. Preciso que você conte tudo para minha mulher! O ano inteiro ela tem insistido em me alimentar com aquilo. Eu digo: 'É merda!' E ela responde: 'Não é; é geleia de abóbora.'"

Apesar de todas as circunstâncias, nasci com mais de 4 quilos e mamei na minha esquálida mãe até um ano de idade. Acho que ainda no útero adquiri a capacidade de extrair de qualquer alimento as substâncias nutritivas necessárias à sobrevivência. Certa vez, ouvi a frase: "Se quiser emagrecer, terá que evitar alimentos calóricos e diminuir a quantidade ingerida. Afinal, já viu algum gordo no campo de concentração?" Respondi: "Sim, eu."

Em *Contribuição à Crítica da Filosofia do Direito de Hegel*, de 1844, Karl Marx escreveu: "A religião é o ópio do povo." Os dirigentes da União Soviética, para mostrar que a vida sob o regime comunista não tinha dor, valeram-se da máxima de Marx, gritando aos quatro cantos: "A religião é o ópio do povo!" Em 1932, por ordem de Stalin, as igrejas foram fechadas, depredadas e saqueadas. Desvinculadas do culto religioso, grandes catedrais foram transformadas nos museus de História da Religião e do Ateísmo e subordinadas à Academia de Ciências da URSS. Batizados, casamentos e enterros religiosos tornaram-se proibidos. Natal, Páscoa e as demais festas santas foram abolidas e deixaram de ser feriados — foram simplesmente riscadas do calendário.

Mesmo assim fui batizada às escondidas, com um mês de idade, durante uma nevasca no meio da estepe, numa casinha-guarita de um agulheiro que trabalhava num entroncamento da estrada de ferro, a uns 15 quilômetros de Stálino. Tomei conhecimento da história aos 28 anos. Foi minha tia Lena, irmã de papai, quem me contou quando fui visitá-la em Filadélfia, nos EUA, ocasião em que descobri também que ela era minha madrinha.

Foto 7: *A pequena "Iríchka" aos 6 meses de idade*

Minha avó paterna, por ser muito religiosa, pedia que eu fosse batizada. Vovô Vânia acabara de morrer e, para aliviar a dor da sua perda, começaram a procurar um padre para me batizar. Antes de morrer vovô pediu ao meu pai que me dessem o nome de Irina.

A todo nome russo há um diminutivo oficial correspondente. As crianças e os amigos íntimos são chamados pelo diminutivo. As pessoas começam a ser chamadas pelo nome completo quando, na analogia com o Brasil, se tornam "senhor", "senhora", "senhorita", "dona". Ao nome completo é acrescido o patronímico, o nome do pai.

Enquanto criança, para todo mundo eu era Ira ou o carinhoso Íratchka (somente papai me chamava de Iríchka), assim continuei já adulta para parentes e amigos. Aos menos chegados passei a ser Irina Alexándrovna (filha de Alexandr) Popowa. Quando chegamos ao Brasil e nossos documentos foram traduzidos, fizeram o mesmo com meu primeiro nome. Irina virou Irene. Suprimiram também o "a", designação feminina do meu sobrenome. De Irina Popowa passei ser Irene Popow. Quando viajo à Rússia, os mais íntimos me perguntam: "Ih! Ira, você virou homem?" Brinco sempre, dizendo que carrego uma esquizofrenia no meu nome: Irina, "paz", em grego, e Ira, "raiva", "ódio", em latim.

Alguém conhecia um homem que havia sido padre, mas que, diante da onda antirreligião, largara a batina e passara a trabalhar como agulheiro. Procuraram o tal padre-agulheiro, que, após muitas recusas, concordou em me batizar, sob a condição de que ninguém além da família ficasse sabendo do fato.

Nas localidades onde não havia bonde nem trem de passageiros, a conexão entre os povoados das minas e a cidade era feita de coche, carroça ou trenó, todos puxados a cavalo. Um cocheiro conhecido do meu pai concordou em nos levar ao entroncamento num domingo. Foi combinado que iriam somente minhas duas avós, minha mãe e meus padrinhos — a tia Lena e o irmão da minha mãe, Anatoli (tio Tólia). Meu pai, o marido da tia Lena (tio Tira) e meu avô materno, Yevtíkhyi (vovô Túcia), ficariam em casa, por medo de perseguição, caso fossem flagrados numa cerimônia religiosa.

No dia acertado, o cocheiro veio de trenó e nos levou através da estepe coberta de neve para meu batismo. Ventava muito. Sentado ao lado do condutor, no banco elevado e sem proteção, tio Tólia recebia de frente toda a fúria da nevasca. O trenó não tinha cobertura. Minhas duas avós estavam sentadas de costas para o banco do cocheiro e ficavam mais protegidas do vento. Mas mamãe e tia Lena, sentadas diante das mães, quase congelaram, apesar dos grossos casacos de pele. Para me proteger do impiedoso frio, que segundo tia Lena "mordia as bochechas, o nariz, as orelhas e conseguia penetrar nas botas e gelar o tutano dos ossos", ela me botou por debaixo do casaco, entre os seios. Com algumas semanas de vida recebi um duplo batismo — o do padre e o do frio. Talvez seja por isso que eu gosto tanto de baixas temperaturas. De volta dos Estados Unidos, perguntei à minha mãe por que ela nunca tinha me contado o episódio do meu batismo. Ela respondeu que não ousaria fazê-lo na União Soviética, e que depois, com todas as agruras da guerra, nem se lembrava mais de que eu não conhecia a história.

Já minha irmã, que nasceu em 1937, no auge do "Grande Expurgo" stalinista, quando até minha avó religiosa não ousava sugerir seu batismo, só deixou de ser "pagã" em 1944, no campo de concentração de trabalhos forçados Ostarbeiterlager, na Polônia. Como eu, ela também foi batizada em segredo. Só que às escondidas do nazismo, e não do comunismo. O batizado foi feito por um padre, deportado como nós, dentro do nosso barracão. Os padrinhos foram nossos dois primos Vova e Nina. Foi a primeira vez que eu vi um padre, mesmo que sem batina.

Fico impressionada como meu destino foi curioso e imprevisível, e chego a pensar: "Quem poderia imaginar que, passado meio século, eu estaria batendo papo com o primaz da Igreja Ortodoxa Russa, o patriarca Alexis II?" E foi isso que aconteceu em maio de 1992 em Moscou.

Minha mãe costumava contar como tinha que pedir ajuda para me acalmar ou me fazer dormir quando eu era neném. Quando eu chorava, ela me pegava no colo e me ninava em seus braços. Na maioria das vezes não adiantava. Por ter sido muito magra, ela achava que seus ossos me machucavam. Chorando, chamava minha madrinha, a tia Lena, que era nossa vizinha e sobretudo mais forte. Minha mãe dizia que quando minha tia me pegava, eu me sentia "acolchoada" e ficava mais calma.

Para eu dormir, minha mãe tinha que me carregar de um lado para o outro. Quando eu estava adormecendo e ela, exausta, tentava sentar, eu me punha a chorar e começava tudo de novo. No início eu somente chorava, mas quando comecei a falar, também ordenava:

Foto 8: Em 1992, um encontro memorável em Moscou com Alexis II, primaz da Igreja Ortodoxa Russa

— Anda! Mais rápido!

E ela obedecia.

Certa noite, quando chegou de um turno de 24 horas na mina de carvão, minha mãe pediu que papai me pegasse no colo:

— Sacha, não aguento mais — ela disse.

Ele recusou, alegando grande cansaço.

— Sacha, por favor. Ela é tanto sua filha quanto minha. É meio a meio — minha mãe suplicou.

Papai me pegou no colo, carregou-me para o quarto e me colocou na cama. Comecei a chorar. Mamãe quis me pegar, mas papai não deixou:

— Você que carregue a sua metade. A minha vai chorar.

Enquanto eu, gordinha e pesada, chorava no quarto, minha mãe, magra e exaurida, fazia o mesmo na sala. Chorei até adormecer e, a partir daquele dia, parei de pedir que me carregassem para poder dormir.

Quando comecei a andar, eu sempre pedia colo nos passeios. E assim foi até minha mãe ficar grávida de minha irmã. Eu tinha 3 anos e meio e continuava gordinha. Ela continuava magra. Certa vez me levou à feira e, na volta, eu disse que estava muito cansada e pedi que me carregasse. Ela respondeu que eu era muito pesada e que seria impossível carregar a mim e a melancia. Então, sugeri que eu carregasse a melancia e ela a mim. Apesar de achar graça, ela não cedeu aos meus argumentos, por mais que eu chorasse.

Em 1936, com menos de 3 anos de idade, dei um susto nos meus pais. Estávamos morando perto do Instituto da Elevação da Qualificação, em Rútchenkovo, onde papai lecionava provisoriamente, enquanto aguardava nova transferência para alguma mina. Mamãe me levava e buscava na creche, que ficava perto de casa. Uma tarde, enquanto brincávamos no pátio, os funcionários abriram o portão e mandaram as crianças entrarem na casa. Todos obedeceram. Menos eu.

Eu me escondi atrás de um arbusto e vi entrar um cavalo branco puxando uma carroça carregada de legumes. Os repolhos, as beterrabas, as batatas, as cenouras e as espigas de milho foram descarregados. Enquanto os funcionários levavam os legumes para dentro da casa, o cocheiro, puxando seu cavalo pelas rédeas, levou a carroça para a rua. O pátio ficou vazio. O portão aberto me convidava a sair e ver para onde ia o cavalo com a carroça. Saí.

A creche ficava perto da plantação de legumes. Vi a carroça, levantando nuvens de poeira, afastar-se rapidamente pela estrada de terra, até desaparecer por completo. Achei que ela tivesse ido para as construções que eu avistava longe, além da plantação. Resolvi ir até lá. Traçando uma linha reta através da plantação em flor, eu corria atrás das borboletas e gargalhava dos altos pulos que os grilos davam a cada passo meu. Esbarrei nos trilhos de uma estrada de ferro que cortava a plantação e, pulando de dormente em dormente, enfim cheguei à construção.

Era um galpão, grande e semiescuro. A única iluminação vinha da abertura de uma enorme porta de correr. No chão de terra batida, ao pé das montanhas de batatas, havia dezenas de mulheres sentadas, separando os legumes bons dos ruins. Jogavam as batatas selecionadas em sacos que, uma vez cheios, eram colocados ao longo da parede.

As mulheres cantavam, conversavam e riam com as crianças pequenas que brincavam por perto. Ninguém prestou atenção à minha presença — provavelmente pensaram que eu era filha de uma delas. Brinquei um pouco com as crianças, mas, como estava cansada e com calor, sentei atrás de um dos sacos de batata, e o ar fresco do galpão me fez adormecer. Acordei com o silêncio repentino. O dia de trabalho tinha acabado. As mulheres haviam pegado seus filhos e tinham ido embora.

O sol estava se pondo. Eu, ao me perceber sozinha, comecei a chorar. Saí do galpão e chorei mais ainda quando me dei conta de que não sabia em que direção devia seguir. Chorei tanto que não percebi a aproximação do cavalo com a carroça, nem do homem que apeou e veio em minha direção. Não sei se eram os mesmos cavalo, carroça e homem que levaram os legumes para a creche. Sei que fiquei muito feliz quando ele perguntou meu nome, o dos meus pais e por que eu chorava. Com a voz entrecortada por soluços, disse meu nome, o dos meus pais e que eu queria ir para casa, mas não sabia como.

Ele não sabia quem eram meus pais e me perguntou se eu conhecia mais alguém. Dei o nome e o sobrenome de dois amiguinhos meus, Yúra Búkin e Alik Mônin. O pai do Yúra era o contador e o do Alik, o diretor do instituto onde papai lecionava. Coincidentemente, o cocheiro sempre levava legumes para o refeitório do instituto e conhecia tanto Búkin quanto Mônin. Ele carregou a carroça com os sacos de batata, colocou-me em cima de um deles e tocou o cavalo a galope para o instituto, que ficava a 5 quilômetros do galpão. Todos conheciam meu pai e deram nosso endereço ao cocheiro. E lá foi ele, todo feliz, trotando em seu cavalo para me entregar à mamãe.

Pelo relato dos meus pais, os funcionários da creche saíram à minha procura quando se deram conta do meu sumiço. Não me encontrando, comunicaram meu desaparecimento aos meus pais e à milícia. Uma grande busca foi empreendida. Vasculharam o açude, os campos, as valetas e os barrancos das redondezas. Minha mãe ficou em casa, para atender o telefone caso surgisse alguma notícia. À medida que as horas passavam, o desespero e a angústia aumentavam. Ela, que sempre fora tão zelosa comigo, estava se culpando por ter me matriculado na creche. Uma vizinha, quando viu chegar a carroça que me trazia, correu para minha mãe, gritando:

— Vália, Vália, estão trazendo a Íratchka na carroça!

Mamãe, pensando que me traziam morta, desmaiou.

O verão de 1937 foi bastante quente, fazia muito calor. Um dia, eu estava brincando no quintal ao lado da minha mãe, enquanto ela, grávida de seis meses, lavava a roupa. Magra, com a barriga imensa, tinha o rosto vermelho e suava muito. De repente, ela ficou pálida, largou a roupa e, sem dizer palavra, me pegou pelo braço e literalmente me arrastou para dentro de casa. Trancou a porta, tirou a chave e caiu na cama. Perguntei por que eu tinha que ficar trancada, e ela não respondeu nem se mexeu. Chamei:

— Mama! Mama!

Sem resposta. Lembrei que a irmã médica da minha mãe, tia Anfissa, me contara uma vez que dentro do peito das pessoas havia um motorzinho chamado coração que batia o tempo todo, dia e noite, fazendo um som de bum-bum-bum. Ela colocou o estetoscópio nos meus ouvidos e me fez escutar o som das batidas do meu coração. Disse que quando ele para de bater a pessoa morre. Ela me mostrou, num livro de anatomia, como era o coração e onde ele se localizava no corpo.

Subi na cama e encostei meu ouvido no corpo inerte da minha mãe. Não sei em que parte do corpo eu procurei ouvir as batidas. Sei apenas que por mais que eu tentasse, não conseguia ouvir nada. Deduzi: "Se eu não ouço o bum-bum-bum, então mamãe morreu."

O que fazer? Chamar papai, claro. Ele saberia na certa como agir. Porém devia chamá-lo de uma forma que ele não se assustasse.

Meu pai trabalhava numa nova mina de carvão e morávamos nas redondezas. As casas dos engenheiros eram ligadas à administração por um telefone direto. Bastava girar a manivela e a secretária logo atendia.

Isso eu sabia fazer, pois frequentemente falava com meu pai em seus turnos de 24 — às vezes 48 — horas. Girei a manivela.

A telefonista perguntou, com a voz risonha:

— O que você quer, Íratchka?

— Quero falar com papai.

A ligação foi transferida. Do outro lado, ele perguntou:

— Iríchka, o que houve?

Como dizer a ele que mamãe estava morta? Ele que descubra sozinho, pensei, quando chegar para o almoço. Então saberá o que fazer. Respondi:

— Não houve nada. Você vem almoçar em casa? Por favor, venha logo!

Ele riu e disse que já estava indo.

Pouco tempo depois, mamãe abriu os olhos, levantou e perguntou o que havia acontecido. E eu:

— Não aconteceu nada, a não ser que papai me disse por telefone que está vindo almoçar.

Mamãe correu para a cozinha para preparar o inesperado almoço. Papai chegou alegre, me pegou nos braços e me jogou para o alto. Beijando meu rosto, contou que eu o tinha chamado para almoçar pois estava com saudades. Mamãe estranhou que não houvesse percebido meu telefonema, e nós rimos muito. Depois, ouvi minha mãe dizer:

— Sabe, Sacha, eu me senti mal com o calor e acho que desmaiei, mas não tenho certeza.

Fiquei orgulhosa de mim mesma por não ter dito ao papai que mamãe estava morta, para não preocupá-lo antes da hora. Foi o dia em que eu "matei" a minha mãe.

Mas houve também o dia em que "matei" meu pai. Foi no Brasil, em Niterói, em 1951. Estávamos morando num sobrado. Certo dia chegou um telegrama em meu nome. O primeiro telegrama da minha vida! Estava escrito: "Papai morreu de coração PT Leo." O aperto no meu peito foi tão grande que até hoje me pergunto como consegui conservar a calma e não transmitir meu pânico à minha mãe e à minha irmã. As palavras dançavam diante dos meus olhos. Eu as lia e relia inúmeras vezes, tentando compreender quem era o tal de Leo que comunicava a morte do meu pai. Ainda por cima, por telegrama.

Papai trabalhava na fundição de metais coloridos do Arsenal da Marinha, na ilha das Cobras. Eu nunca tinha ido lá, nem conhecia nenhum dos seus colegas. Não sei o que eu teria feito ou dito se não tivesse sido chamada pela vizinha de baixo, dona Bezinha, ao telefone. Naquela época, possuir um telefone em casa era uma raridade, e ter uma vizinha com telefone que ainda por cima nos deixasse usá-lo constituía uma bênção.

Com o telegrama na mão, desci correndo. Era Ludmila, a Lutzi, minha amiga desde os tempos da guerra, avisando que o pai tinha morrido no Paraná. Perguntei se ela sabia quem era Leo. Disse que o irmão, Leoníd (ao qual todos chamavam de Liónia), adotara a forma abreviada brasileira Leo. Meu alívio foi imediato. A alegria em descobrir que não era meu pai quem estava morto foi tão grande que mal conseguia dizer as palavras apropriadas para essas ocasiões. Escondi de todos a descoberta da suposta morte do meu pai.

Naquele mesmo ano, em 1937, nasceu minha irmã Ludmila. O nome é de origem tcheca e quer dizer "amada pelas pessoas". Não me lembro do seu nascimento, mas me recordo de ter que tomar conta dela quando mamãe ia às compras. Quando ela saía, eu me tornava a dona da casa, a mãe da minha irmã. Ludmila era magrinha, leve, uma bonequinha, e eu devo ter sentido muito ciúme dela.

O fato de ter sido promovida à sua guardiã me enchia de orgulho, mas também me conferia um absoluto poder sobre ela na ausência da minha mãe. Eu ia à forra. Eu me vingava por ela ter roubado a atenção exclusiva dos meus pais. Dava beliscões até minha irmã chorar, depois a pegava no colo e a ninava até ela se acalmar. Quando mamãe voltava e a via dormindo placidamente, elogiava meu desempenho presenteando-me com doces.

Quando cresceu um pouco, eu colocava minha irmã sentada em cima de uma cômoda e me afastava. Ela, grudadinha ali, chorava de medo. Estendia seus braços para que eu a pegasse, mas eu esperava ela chorar mais. Apenas quando o choro se transformava num pranto é que eu a tirava da cômoda, colocava-a no meu colo, cantava canções de ninar e a enchia de beijos até que seus soluços convulsivos parassem e ela adormecesse. Ao voltar, mamãe me elogiava e não se esquecia dos doces.

Comer doces era comigo mesmo. Mas eu nunca os aceitava de outros que não fossem da minha família. Temia que pudessem pensar que na minha casa não havia comida. Eu dizia sempre: "Lá em casa tem uma cômoda cheia de doces." Além de doces, eu também adorava comer frios, salsichas, linguiças, presunto. Mas quando algum estranho perguntava o que eu gostava de comer, respondia "eu como de tudo, menos pedra e vidro moído", mas que naquele momento eu não estava com fome.

Esse orgulho bobo, o receio de que alguém pudesse pensar que meus pais não tinham comida suficiente para me dar, se repetiu num restaurante em Petrópolis, em 1949. Acabáramos de chegar ao Brasil e fomos enviados diretamente à ilha das Flores, na baía de Guanabara. Osvaldo Costa, dono do Banco do Comércio, convidou minha família para passar alguns meses na sua casa de verão em Petrópolis, um palacete chamado Vila Itararé.

Ele prometeu arrumar emprego para papai depois que ele aprendesse português. Enquanto papai estudasse, mamãe cuidaria da Vila e minha irmã e eu faríamos companhia às duas filhas de Costa, que tinham nossa idade. Ele nos buscou e, antes de chegar à nossa nova residência-palácio, *don* Osvaldo (como nós o chamávamos, em vez de "senhor" Osvaldo, pois tínhamos estudado espanhol antes de vir para o Brasil) resolveu jantar no caminho.

Era a primeira vez que eu entrava num restaurante. Aos 15 anos! Ele pediu frango assado, salada, arroz e farofa para todos. Mas eu, por mais que quisesse comer, recusei, dizendo não estar com fome. Ele, as filhas

Ligia Maria e Lucinha, papai, mamãe e Ludmila devoravam aquelas maravilhas, enquanto eu, fingindo indiferença, olhava. O aroma maravilhoso da comida fazia meu estômago se contorcer. Fui dormir com fome naquela noite, mas não dei o braço a torcer. Até hoje me lembro do cheiro do frango assado e lamento não o ter comido.

Quando Ludmila tinha 3 anos, eu costumava prender seu vestido e seus cabelos na porta. Dizia que havia sido a bruxa quem a prendera e que somente eu poderia soltá-la. Ela acreditava. Uma vez, papai trouxe um saco cheio de *rak*, caranguejos de água doce. Mamãe os despejou na banheira com água. Ao tentar fugir, os bichos subiam um em cima dos outros, e os cascos que roçavam produziam um som chiado.

Para provar a existência da bruxa, levei minha irmã ao banheiro, apaguei a luz e disse que o ruído dos caranguejos era a bruxa falando para ela me obedecer sempre, em tudo, mas que não contasse à mamãe. Ela se agarrava a mim, me considerava sua principal protetora e salvadora, e eu me sentia a própria heroína. E assim foi até 1941, quando começou a guerra. Daí em diante, eu realmente me transformei em sua protetora. Mas, depois de adultas, as posições se inverteram. Houve muitas ocasiões tristes e até dramáticas nas quais a minha protetora foi ela, Ludmila.

Capítulo 3

Cidade erguida às margens do rio Dniéper, Kiev é atualmente a capital da Ucrânia. Mas no passado foi a primeira capital da Rússia. O Principado de Kiev — chamado de Rus-Kievana de 800 a 1199 — foi o predecessor de três nações eslavas modernas: Ucrânia, Rússia e Bielorrússia. Em 988, o príncipe Vladimir batizou todo o seu povo nas águas do rio Dniéper, que corta a cidade. Converteu os até então "pagãos" à religião greco-ortodoxa.

A palavra Ucrânia significa "país fronteiriço", "na extremidade", "fronteira". O país foi formado pela chegada de bizantinos, eslavos e escandinavos. O núcleo, em torno do qual se formou a nação ucraniana, surgiu em 1199 da união dos principados de Kiev, da Polônia e da Lituânia. Grande parte da sua história se passou sob o domínio de outras nações. Pela vastidão e a fertilidade de suas terras, pelas riquezas dos trigais e de outras lavouras, pelas enormes jazidas no subsolo, a Ucrânia sempre foi alvo da cobiça de governantes de vários países.

Sofreu por trezentos anos o jugo tártaro-mongol, que em 1240 destruiu Kiev e arrastou milhares de pessoas à escravidão. Passou pelos domínios feudais da Polônia, que escravizou as populações camponesas; pelo domínio da Lituânia e da Hungria; e por constantes ameaças de ser escravizada pelos turcos. Nos séculos XIV e XV ocorreu a formação da nacionalidade ucraniana. Os camponeses procuraram refúgio nas colônias militares dos cossacos e se uniram a eles, que eram livres de impostos e de servidão.

Ainda no século XV a linha divisória do país foi traçada — o lado oeste do rio Dniéper ficou sob o domínio da Polônia e o leste sob o da Rússia. A Polônia empreendeu uma catequização para converter os ucranianos greco-ortodoxos sob seu controle ao catolicismo. Até hoje, grande parte da população da Ucrânia ocidental é constituída de católicos greco-ortodoxos, que observam os rituais bizantinos, mas obedecem ao papa de Roma. No século XVIII, a Rússia estendeu seu domínio por todo o território ucraniano.

A economia e a cultura do país tinham estreitas ligações com a economia e a cultura russa e bielorrussa. A Rússia — com a qual tinha maior identificação — passou a chamar a Ucrânia de Malorús (Pequena Rússia) e, depois da Revolução de 1917, transformou-a em uma das repúblicas soviéticas.

Em 1921, de acordo com o Tratado de Riga, as margens ocidentais do Dniéper passaram mais uma vez para o domínio polonês, além de ficar sob tchecos e romenos. O lado oriental permaneceu sob o controle de Moscou. Os inúmeros domínios estrangeiros culminaram com a ocupação alemã nazista da Ucrânia e com sua libertação pelo Exército Vermelho.

Apesar de ter sido privado da independência, o ucraniano conseguiu conservar a língua e a literatura. Com uma obstinação incansável, continuou cantando seu Hino ao longo de séculos: "Ainda não morreu a Ucrânia, nem a glória nem a liberdade. Ainda, queridos irmãos, a sorte há de nos sorrir. Perecerão os nossos inimigos como o orvalho exposto ao sol. E aí, jovens irmãos, nós também governaremos no nosso país."

Esperaram por quase oitocentos anos. Enfim conseguiram a independência política em l991. Porém a marca das várias ocupações permanece. Apesar de falarem a mesma língua, há duas Ucrânias que disputam entre si a condição de representante da verdadeira nação. A Ucrânia ocidental, católica, pró-Europa, e a Ucrânia oriental, greco-ortodoxa, pró-Rússia.

O país é coberto por planícies, que somente ao sul são substituídas pelas montanhas da Crimeia. No sudoeste, a fronteira é marcada pelas montanhas dos Cárpatos ucranianos; e, ao norte, pelas florestas. Grande parte da planície apresenta campos cultivados, mas a estepe, de solo salino e ressecado, ao longo dos mares Negro e Azóv, não é adequada ao plantio. A planície ucraniana é toda pontilhada de outeiros e de colinas baixas. Vales, valetas, baixios, barrancos, açudes e pequenos lagos e bosques completam a paisagem. Ao redor de centros industriais, o horizonte é recortado por montes em forma de cones vulcânicos, dejetos da produção mineral. Como nunca tinha visto uma montanha de verdade, aquelas eram as minhas "montanhas".

Além do solo extremamente fértil — do negro e humoso *tchernoziom* —, o subsolo da Ucrânia é muito rico em minérios: carvão, petróleo, gás natural, minérios de ferro e de manganês, sal-gema, enxofre e fontes de águas minerais. Não é de se estranhar que a Ucrânia sempre tinha sido alvo de cobiça. De Gengis Khan a Hitler.

Foi nessa planície, nessa estepe, que eu nasci. Numa região industrial chamada Donbáss, abreviação de bacia de Donéts, que forma uma das mais densas concentrações industriais do mundo. Sua área ocupa 26 mil quilômetros quadrados. Fica ao norte do mar Azóv e a oeste do rio Donéts, e está localizada principalmente nas regiões de Donétsk — onde moravam meus avós maternos — e de Luhánsk — lar dos meus avós paternos.

A história de minha cidade natal, Stálino, é curiosa do ponto de vista político-social e remonta ao ano de 1870. O industrial inglês John Hughes ficou famoso por ter inventado o revestimento de navios de madeira com ferro. Ele recebeu então um convite da Rússia imperial para revestir a fortaleza naval que estava sendo construída em Kronstadt, no mar Báltico. Em 1869, Hughes, acompanhado de uma centena de especialistas em metalurgia e mineração, chegou à Ucrânia com oito navios carregados de equipamentos. Ele construiu uma usina metalúrgica e uma fábrica de trilhos para estradas de ferro, a Fábrica Hughes, em torno da qual cresceu um povoado que, em sua homenagem, foi chamado de Hughsovka ou Yúsovka.

Até a Revolução de 1917, Yúsovka tinha 50 mil habitantes, quatro usinas e dez minas de carvão e de minério de ferro. Depois da Revolução, todos os estrangeiros ligados a essas indústrias tiveram que deixar o país. Mas a atividade industrial se manteve intacta e prosperou sob o regime soviético. O povoado de Yúsovka foi promovido a cidade.

Com a morte de Lenin, em janeiro de 1924, Stalin começou uma grande e bem-sucedida campanha de culto à personalidade — nesse caso, à sua própria. Um dos primeiros atos foi a troca do nome Yúsovka — que se transformara em centro de indústria pesada e de construção de minas de carvão — para Stálino. Carvão, hulha, coque, aço e indústrias químicas passaram a ser as principais fontes econômicas da Ucrânia. Altos-fornos de ferro-gusa e de aço iluminavam as nuvens da cidade à noite. Em 1941, início da guerra, havia 233 indústrias e uma população de 490 mil habitantes. Durante o conflito a cidade foi quase totalmente destruída e ficou sob a ocupação alemã até 1943. Depois da guerra, Stálino foi reconstruída e reflorestada em tempo recorde.

Seis meses após a morte de Stalin, em março de 1953, seu sucessor Nikita Khrushchev denunciou as atrocidades stalinistas no XX Congresso do Partido Comunista. O líder atacou o governo de Stalin, acusando-o de abuso do poder e condenando o "Grande Expurgo", do qual o próprio Nikita foi o grande mentor na Ucrânia.

É o início de uma sistemática "desestalinização". Até então, a *Pequena Enciclopédia Soviética* dedicava ao verbete "Stalin" quase um volume inteiro. Já na edição de 1958, o verbete ocupa somente uma página e meia. As imagens de Stalin que ilustravam todos os livros didáticos foram retiradas. Da mesma forma, seus pensamentos e ensinamentos sumiram de todas as publicações. Stalin e suas realizações não eram mais mencionados. Como consequência, a cidade — com 800 mil habitantes e mais de 500 empresas — teve o nome mudado para Donétsk em 1961. Khrushchev nasceu no Donbáss e trabalhou como mineiro em Yúsovka.

A cidade não fica às margens do rio Donéts, mas sim do Kálmius. Donéts é um dos afluentes do rio Don, que desemboca no mar Azóv. Mas Khrushchev quis homenagear o afluente. Assim, a cidade foi batizada de Donétsk. Nos anos 1960, a Unesco conferiu a Donétsk o título de "cidade industrial mais verde do mundo". Atualmente, ela também é conhecida como "a cidade de milhões de rosas", com cerca de 2 milhões de habitantes, e é a capital industrial da Ucrânia.

A "desestalinização" levou a um apagamento quase total das lembranças do líder e produziu uma verdadeira amnésia social. No meu primeiro retorno à Rússia e à Ucrânia, em 1992, eu ficava perplexa, quando, ao dizer que nasci em Stálino, as pessoas não sabiam onde ficava a cidade. A quinta maior da Ucrânia! Perguntavam: "Você quer dizer Stalingrado?" Divertia-me fazendo uma pesquisa informal: perguntava às pessoas se sabiam como se chamava atualmente a cidade cujo nome havia sido Stálino. Em cada cem, somente uma ou duas respondiam Donétsk. Isso confirma minha tese: eles sofrem de amnésia social.

Da mesma forma, a cidade de Stalingrado teve o nome trocado para Volgogrado em 1956. Considero a troca totalmente injusta. O nome Stalingrado se inscreveu na história. E não foi graças a Stalin, mas por causa de algumas das mais sangrentas batalhas da história da humanidade travadas naquela cidade. Em 180 dias de conflito urbano, o número de baixas foi estimado em quatro milhões. Dois milhões de mortos — entre militares e civis — do lado soviético, e o restante entre os alemães. O mundo inteiro tomou ciência das batalhas de Stalingrado.

Carlos Drummond de Andrade escreveu uma ode a Stalingrado, da qual um trecho é reproduzido abaixo:

Carta a Stalingrado

(...) sinto-te como uma criatura humana, e que és tu, Stalingrado, senão
isto?
Uma criatura que não quer morrer e combate,
contra o céu, a água, o metal, a criatura combate,

contra milhões de braços e engenhos mecânicos a criatura combate, contra o frio, a fome, a noite, contra a morte a criatura combate, e vence. (...)

O mundo conhece Stalingrado, enquanto Volgogrado não diz nada para a maioria. Muito menos Tzarytsin, nome que a cidade teve por mais de quinhentos anos, antes de ser rebatizada de Stalingrado.

Já a mudança de Leningrado para São Petersburgo tem mais razão de ser. Em 1703, o czar Pedro, o Grande, ordenou a construção de uma cidade às margens do mar Báltico que, em sua homenagem, foi chamada de São Petersburgo (Cidade de São Pedro). A capital da Rússia, que até então era Moscou, foi transferida para lá em 1712. Um ano depois da Revolução de 1917, a cidade foi renomeada para Leningrado (Cidade de Lenin).

De 1941 a 1944, Leningrado ficou sitiada pelos alemães. Até hoje, não se sabe o número exato de mortos. Preocupados com a sobrevivência, ninguém contava os corpos — a neve os cobria e impedia a decomposição até a chegada da primavera. Calcula-se que cerca de 4 milhões de habitantes tenham morrido de frio e de fome durante os novecentos dias de sítio. Leningrado e Stalingrado, duas cidades que levavam o nome dos dois mais famosos líderes comunistas, simbolizavam não só o desafio a Hitler, como o início, o ponto de partida, de sua derrota.

O prédio em que morávamos em Kalínovka tinha quatro pavimentos, com dois apartamentos por andar. Os moradores eram engenheiros, médicos e professores. Não havia elevador, mas a escada era larga e bem iluminada por altas janelas entre os lances. Era um longo prédio com quatro portarias: três na fachada frontal e uma na lateral. Na quina da entrada lateral havia uma padaria que vendia doces e frios. Na fachada frontal, entre a padaria e a primeira portaria, existia uma pequena loja do tipo armarinho, quase sempre sem mercadorias (mas com livros infantis e brinquedinhos de guta-percha) e, ao lado, a caixa de correio presa na parede (onde postei a carta a Stalin). Na lateral do prédio ficava o ponto final do bonde que ligava Kalínovka a Stálino. Da fachada frontal via-se um grande prado verde além do qual se podia avistar alguns casebres brancos do bairro operário.

Nosso apartamento tinha uma cozinha e um banheiro. No quarto dormiam meus pais e minha irmã. Na sala havia a mesa de jantar, armários com livros e um sofá no qual eu dormia. Uma porta ligava o cômodo à varandinha. Como eu dormia na sala, considerava-me proprietária daquela varanda. Ela tinha vista para o prado. No verão, eu dormia de porta aberta. De noite, o cheiro de terra molhada, de grama recém-cortada, das flores noturnas e o canto dos rouxinóis invadiam meu leito. Amava aquela varandinha de porta aberta. As vezes em que mamãe voltava mais tarde do trabalho e me beijava, eu acordava. O motivo não era o seu beijo, mas seu cheiro; o cheiro do seu perfume: Krásnaya Moskvá, "Moscou Vermelha" ou "Bela Moscou". A verdade é que em algumas ocasiões eu acordava com outro cheiro. Abria os olhos e via mamãe balançando uma rodelinha de salame perto do meu nariz.

O olfato é um dos sentidos mais poderosos para evocar lembranças. Na primeira visita ao Brasil, em 1986, meu primo Génia trouxe um grande frasco de Krásnaya Moskvá para mamãe. Até sua morte, cinco anos depois, ela usou mais da metade do perfume. Herdei o frasco e o guardo como se fosse o maior dos tesouros.

Depois da queda da União Soviética, o Krásnaya Moskvá parou de ser produzido. O frasco tem um formato que lembra o Kremlin. A tampa em forma de cebola, com ranhuras em espiral, assemelha-se a uma das cúpulas da catedral de São Basílio, na praça Vermelha. Ao escrever este livro, às vezes me perfumava com ele, e seu aroma me trazia múltiplas imagens da minha infância e evocava muitas lembranças.

Vejo-me diante do espelho, ajeitando por cima do meu ombro uma estola de mamãe — é de raposa, que segura a própria cauda com os dentes. Com a gravata do papai amarrada em volta do pescoço, coloco o chapéu de feltro roxo, calço as botas amarelas de salto da mamãe e derramo em cima de mim meio frasco de Krásnaya Moskvá.

Foto 9: O Krásnaya Moskvá, perfume que mamãe sempre usava. O frasco tem um formato que lembra o Kremlin

Desço e começo a flanar lentamente de um lado para o outro ao longo do prédio. Quero que todos vejam como estou linda. De volta do trabalho, tão logo desce do bonde, mamãe é abordada pelos vizinhos, que lhe contam sobre meu desfile. Mamãe me faz vestir as mesmas roupas e, às gargalhadas, me proíbe de descer daquele jeito.

Vejo-me entrar numa das portarias (não na minha, claro), subir dois, três andares, tocar a campainha e descer correndo antes que abram a porta. Faço isso com frequência e, na maioria das vezes, num apartamento onde a dona demora a chegar até a porta, o que me dá tempo de fugir. Até que num belo dia chuvoso, na hora da fuga apressada, uma das sapatilhas de borracha (à qual na Rússia damos o nome de "galocha") que protegem meu sapato desprende-se e tenho que deixá-la nos degraus da escada, para não ser pega. Quando mamãe me pergunta o que aconteceu com a outra galocha, respondo:

— Perdi.

Mamãe lamenta e diz que irá sair para procurá-la. Volta com a galocha numa das mãos e uma expressão de poucos amigos no rosto. Ela encontrou a tal senhora lenta carregando minha galocha e perguntando a todos os vizinhos se um dos filhos havia chegado em casa calçando uma só galocha. Fico uma semana sem poder descer para brincar.

Vejo-me indo com mamãe, toda cheirosa de Krásnaya Moskvá, para pegar o bonde. E sempre o mesmo ritual: mamãe compra para mim na padaria da esquina 100 gramas de haléu (doce de gergelim), ou um sonho recheado de creme de baunilha. O sonho ela compra de uma mulher que os cozinha numa panela, em óleo fervendo, ao lado da parada do bonde, e eu o como quentinho.

Vejo-me levar a maior bronca da minha vida do meu pai. É de noite e a prima da mamãe, que passa uns dias conosco, leva Ludmila para dormir. Corro em volta da mesa aos pulinhos e, marcando o ritmo com palmas, canto bem alto o pior palavrão russo: "Foda tua mã-ãe! Foda tua mã-ãe!" Não sei o que significam as palavras, mas sei que é proibido pronunciá-las. Foi o que o Dima, um menino de uns 10 anos que acaba de se mudar para o apartamento em frente, disse para nós, as menorezinhas.

Eu canto tão alto que nem ouço a porta da entrada ser aberta. Paro quando sinto o perfume do Krásnaya Moskvá. Na soleira da porta, meus pais estão parados. Estupefatos. Minha cabeça mal chega à cintura do papai. Olho para cima e vejo que a expressão do seu rosto inclinado sobre o meu promete tempestade. A sobrancelha direita levantada faz seu olho direito ficar bem aberto e o esquerdo, apertado.

— Onde você ouviu isto, Iríchka? Quem lhe ensinou? — pergunta ele.

Aperto os lábios e balanço a cabeça negativamente. Quanto mais ele insiste, mais eu comprimo os lábios e balanço a cabeça. Até que o vejo começar a tirar o cinto e a mamãe tentando segurar sua mão.

— Não, Sacha, não!
Eu abro a boca e balbucio:
— Foi o Dima, nosso novo vizinho.

Furioso, ele atravessa o hall da escada me arrastando pela orelha e bate na porta em frente. Os pais do Dima abrem a porta e ficam surpresos quando ouvem papai gritar com sua voz de trombone:

— Chamem seu filho, que eu quero lhe dizer umas coisas!

Escondendo-se atrás dos pais, aparece o rosto assustado do Dima. Ao vê-lo, papai brada:

— Olhe aqui, seu fedelho desbocado. Se você continuar a ensinar palavrões às criancinhas e seus pais não o castigarem por isso, vou-lhe dar uma surra com meu cinto e chamarei a milícia!

Sou terminantemente proibida de brincar com Dima. Daí em diante, mesmo quando já conhecia muitos palavrões e seus significados, nem "merda" eu ousava dizer na frente dos meus pais.

Vejo-me querendo fazer batata frita quando mamãe sai com Ludmila e fico sozinha em casa. Coloco uma caldeirinha cheia de banha no fogão, descasco e corto algumas batatas. Quando a banha está fervendo, começo a jogar os pedaços dentro. Um por um. Cada pedacinho que eu jogo dentro da caldeirinha pula para fora e cai no chão. Uns pulam tão alto que sujam o teto. Chego à conclusão de que não sei fazer batata frita. Desligo o gás, cato todos os pedaços esturricados e os jogo fora. Limpo o piso e, quando a banha esfria, devolvo a caldeirinha ao seu lugar. Ninguém sabe do episódio, mas também não conseguiram entender como o teto ficou todo sujo de gordura.

Vejo-me juntando as raspas de madeira e a serragem que um marceneiro deixou no chão do apartamento depois de acertar uma porta empenada. Ele teria que esperar mamãe voltar, mas vai embora. Levo tudo para a cozinha, deposito sobre o chão de linóleo, faço uma fogueira e canto e danço em volta dela, como vi fazerem no acampamento de verão. Quando o fogo se apaga, vejo um buraco no linóleo. As tábuas por baixo estão negras. Resolvo lavar o chão. O queimado não sai. Acho que tenho que jogar mais água. Encho a chaleira e a despejo. É tanta água que os vizinhos de baixo sobem para ver o que está acontecendo — o líquido escorreu pelo teto da cozinha deles. Quando meus pais chegam em casa e ficam sabendo do acontecido, não brigam comigo, preferem me explicar o perigo. À noite, ouço-os concordarem entre si que uma criança de 6 anos não pode ter acesso a fósforos.

Vejo-me pulando amarelinha na frente do prédio. Todas as crianças têm sua coleção de pedrinhas ou de cacos de azulejos para jogar nas casas da amarelinha. Meus cacos são coloridos e eu os escondo na escada do nosso quarto andar, a que leva ao sótão. Lá eles estão seguros. Nunca vi ninguém ir ao sótão. Pensando bem, os azulejos deviam ser uma raridade, já que os seus cacos precisavam ser tão bem escondidos.

Em setembro de 1997, visitei Kalínovka pela primeira vez desde que a havia deixado em setembro de 1941. Fiz várias descobertas. Kalínovka agora é um bairro de Donétsk. O prado não existe mais, no lugar há várias construções. O ponto do bonde não é mais o final — os trilhos continuam não sei até onde. O prédio, as portarias, as varandinhas, o armarinho e a caixa de correio continuam iguaizinhos. No mesmo lugar, a padaria se tornou uma loja de conveniência e não vende mais o doce de gergelim. Entrei na portaria que era minha, subi os degraus até o quarto andar e toquei a campainha do meu último apartamento na Ucrânia. Ninguém atendeu. Era dia de semana e todos deviam estar trabalhando. Como iria viajar no dia seguinte, não podia esperar alguém vir abrir a porta. Deixei para a próxima. Se nada mudou no prédio em quase sessenta anos, posso esperar mais alguns.

A exatidão das minhas lembranças do prédio foi o que mais me impressionou. Geralmente, quando um adulto volta ao lugar da sua infância, fica decepcionado com a dimensão das coisas. O que antes lhe parecia grande apresenta-se em tamanho reduzido. Muitas das vezes é sinônimo de decepção. Mas não foi meu caso. Eu estava acompanhada de minha filha Tatiana e do meu primo Génia. Antes, eu lhes descrevi o prédio e a escada. Tudo conferia. A escada era larga e iluminada como eu a havia descrito. Tive a tentação de subir as escadas rumo ao sótão para ver se os cacos de azulejos com que brincava de amarelinha ainda estavam lá. Fiquei com vergonha do meu impulso, pois sabia que era impossível. Por outro lado transformei essa dúvida infantil em mistério.

Apesar de terem abolido o Natal, os dirigentes da União Soviética não acabaram com a tradição da árvore nem com a do Papai Noel. Eles simplesmente trocaram os nomes. A árvore passou a ser chamada de pinheiro de ano-novo, e o Papai Noel, de Vovô Geada. Que bom que não tiraram a magia e o encanto que envolvem essas ocasiões. Elas sempre foram mágicas.

Eu ia dormir na véspera do ano-novo como fazia todas as noites, como se fosse uma noite qualquer. Mas, ao acordar e ir para a sala, me deparava com um verdadeiro milagre. No meio do cômodo, majestoso e colorido, estava um pinheiro de ano-novo. Da base até o teto os galhos eram revestidos de vários enfeites. Cada um mais lindo que o outro. As bolas de vidro finíssimo, de várias cores e tamanhos, refletiam meu rosto de forma engraçada, bem diferente do espelho. Demorava horas para descobrir e identificar cada uma das miniaturas coloridas espalhadas pelo pinheiro.

Ao longo dos galhos, tiras prateadas representavam a neve cintilando ao luar. Dos galhos inferiores mais robustos pendiam as guloseimas: maçãs, tangerinas, bombons, biscoitos, pão de mel. Velas, à maneira de soldadinhos em pé, ficavam presas em cima dos galhos, esperando a noite para serem acesas. E no topo havia uma grande estrela que tocava o teto. Em volta do pinheiro, sobre o algodão salpicado de purpurina prateada, estavam os embrulhos com presentes.

O momento era mágico, inesquecível. Eu ficava fascinada com o aroma da seiva e das folhas do pinheiro e com o brilho colorido e caleidoscópico dos enfeites. E me fascinam até hoje. A inauguração da árvore de Natal na lagoa Rodrigo de Freitas, no Rio, exerce sobre mim o mesmo fascínio da minha infância.

Certa noite, fui acordada por altos sons de música e cantoria. Da sala vinham vozes alegres, risos e gargalhadas. Curiosidade atiçada, levantei da cama para ver o que estava acontecendo. Sentia o chão gelado, mas minhas botas de feltro estavam ali para me aquecer. Sentei na beira da cama para calçá-las, mas os pés esbarravam em algum obstáculo. Algo os estava impedindo. Acendi a luz e fiquei de boca aberta — as botas transbordavam de balas e bombons. De todos os tipos de que eu mais gostava. Foi a magia do réveillon de 1937.

Todos os anos, no fim de dezembro, as empresas organizavam festas de ano-novo para os filhos dos empregados. Eu amava aquelas festas. Primeiro, porque havia uma árvore muito mais alta do que a da minha casa. Os enfeites também eram maiores e mais bonitos. E depois, o principal: tinha a visita do Vovô Geada. As crianças, de mãos dadas, faziam ciranda em volta da árvore. Cantavam cantigas dedicadas ao pinheiro, à neve, aos animais da floresta, à alegria do dia. Terminavam gritando em coro:

— Obrigado ao camarada Stalin por nossa infância feliz!

Acompanhado da Sniegúratchka, a linda "moça-nevezinha" de branco com uma alta tiara prateada, Vovô Geada, vestido com um longo casacão de pele preto com a gola e os punhos brancos, aparecia não sei de onde. Entrava com um enorme saco abarrotado de presentes às costas e se sentava numa cadeira alta, ao lado da gigantesca árvore. As crianças faziam fila e uma a uma se aproximavam para receber seu presente.

Numa dessas festas, quando chegou minha vez de ganhar o presente, meu coração disparou. Tudo era tão fora do comum, tão fantasticamente desproporcional para meus 3, 4 anos, que eu não sabia se ria ou chorava. O Vovô Geada me disse que os animais da floresta haviam mandado os presentes e perguntou de qual deles eu gostaria de receber o meu.

— Da lebrezinha — respondi com a voz trêmula.

Ele enfiou a mão dentro do saco e me entregou um instrumento semelhante a um reco-reco. Durante o ano inteiro e até a festa seguinte, eu me culpava por ter sido tão boba em pedir o presente da lebrezinha. Pensava: "Fui boba. Se tivesse pedido meu presente de um animal maior, com certeza também ele seria muito maior."

No réveillon seguinte, disse ao Vovô Geada que queria receber o presente do urso. Ele enfiou a mão dentro do saco e tirou... um reco-reco. Fiquei revoltada. Por que perguntar à criança de quem queria receber o presente se este seria sempre o mesmo, não importa o que ela respondesse? Era fazer uma criança de boba. Não gostei do engodo. Compreendi a falácia da pergunta. Aprendi.

Considero vil e traiçoeiro esse tipo de engano proposital. Por isso, não gostei de *A Vida É Bela*, de Roberto Benigni. No filme, a relação do pai com o filho é baseada numa mentira deslavada, ainda que haja a intenção de poupar o menino dos terrores de um campo de concentração. Ao apresentar a realidade à criança, há uma diferença entre suavizar o mundo real, revestindo-o com a fantasia dos contos de fadas, e transformá-lo numa mentira qualquer.

Das duas, uma: ou o pai subestimava a inteligência do filho, fazendo-o de bobo, ou o menino era um abobalhado. No primeiro caso, o filho seria candidato certo ao divã do analista por ter acreditado no teatro grotesco do pai. No segundo, não há muito jeito. Não é assim que se driblam as agruras da vida.

Sou grata aos meus pais por não terem me poupado da realidade através de mentiras. Eles podem ter omitido, mas nunca mentiram. Amenizavam as situações difíceis por meio de carinho e zelo, além de sempre terem demonstrado confiança na minha capacidade de entender e superar as dificuldades. E isso me dava segurança.

Lembro-me de uma reportagem que vi na TV há alguns anos sobre a seca no Nordeste. A paisagem era desoladora, sem uma única mancha de verde. A terra, nua e ressequida, era salpicada de carcaças de gado. A fome fazia as pessoas comerem calangos.

Uma das imagens de que me recordo mostrava um menino. Sentado ao lado de um casebre de pau a pique com uma aridez absoluta ao redor, ele brincava com um graveto e algumas pedrinhas. Um quadrado grande estava desenhado no chão, e dentro dele ficavam as pedrinhas. Ele desenhou um quadrado menor e colocou uma pedra maior. A repórter se agachou, perguntando ao menino o que ele estava fazendo.

— Tô brincando com as pedrinhas.

A repórter continuou:

— Por que as pedrinhas estão no quadrado?

O menino então explicou que o quadrado maior era o pasto e as pedras, o rebanho. O quadrado menor, continuou ele, era o curral, com a pedra maior fazendo o papel de touro reprodutor. A repórter por fim perguntou se o reprodutor tinha nome.

— Mas é claro — disse o menino. — É o Touro Negrão.

Duvido que o menino soubesse ler ou que tenha ouvido algum conto de fadas. Mas percebi que ele driblava a dor da própria existência através da brincadeira. Naquele momento, transformava a vida — sem o desgaste do desespero e sem mentiras — em "bela". A capacidade de fantasiar ajuda a conservar as energias necessárias para fazer frente às situações adversas. Pensei: "Esse menino vai sobreviver!"

Gostaria muito de saber como ele está. Quero acreditar que sobreviveu. E bem. Aquela reportagem lembrou a minha infância e a da minha irmã.

Quando começa uma guerra, a produção industrial dos países envolvidos passa por uma transformação. A indústria de brinquedos é a primeira a ser desativada. As fábricas dedicam-se a produzir armas e equipamentos. Quando a guerra começou, eu tinha 7 anos e minha irmã, 3. Na medida em que as circunstâncias da vida nos levavam de um lugar para o outro, os brinquedos eram o último item que nossos pais considerariam carregar. O simples fato de estarmos vivos e agasalhados era uma vitória.

O fato de não ter brinquedos, entretanto, não constituía problema para nós. Fazíamos os nossos próprios. Com imaginação, podíamos transformar qualquer objeto naquilo que queríamos. Cavalgávamos nos talos dos girassóis, cujas pontas dobradas sob o peso da flor faziam as vezes das cabeças dos nossos alazões. No outono e inverno, já secos e sem flor, os talos continuavam sendo os cavalos que nos levavam aos castelos e bailes da Cinderela, ou às batalhas medievais de Ivanhoé e dos cavaleiros do rei Artur.

★ ★ ★

Há várias maneiras de explicar as coisas do cotidiano a uma criança. O principal é fazê-lo respeitando sua capacidade de compreensão, de acordo com sua idade. Depois de um chuvoso e lamacento outono, a chegada da primeira neve do inverno sempre era uma festa. Acordar e ver pela janela a lama coberta por um espesso e fofo cobertor branco fazia meu coração disparar. Mal podia esperar a hora de sair, abrir a boca e deixar os flocos gelados derreterem na língua. Eu tinha o hábito de lamber as coisas que me despertavam interesse, para poder sentir o gosto. Só que, aos 6 anos de idade, eu já sabia que não deveria lamber as lâminas de aço reluzente nas quais deslizava o trenó. Certa vez minha língua grudou na lâmina congelada. Ao desgrudá-la, deixei um bom pedaço da pele. Nunca mais lambi qualquer metal no inverno. Afinal, eu podia esperar até o verão.

Era uma delícia ser puxada no trenó pelo papai ou pela mamãe. Havia sempre o risco de o trenó virar e eu cair, mas não fazia mal. A neve era fofa e a queda não machucava nem sujava. Fazer um boneco era maravilhoso, o suprassumo. Eu fazia uma bola pequena, bem apertada, e a rolava no chão.

Via a bola aumentar a cada giro até chegar a um tamanho além das minhas forças para movê-la. Papai ou mamãe então completavam o trabalho. Os dois colocavam uma bola menor em cima da grandota e eu via surgir uma cabeça num corpo redondo. Via aparecer um rosto depois que pedacinhos de carvão eram enfiados na cabeça e se transformavam em olhos e boca. Uma cenoura fazia as vezes do nariz. Com uma velha vassoura de piaçava ao lado do corpo e um cachimbo no canto da boca, o boneco de neve estava quase pronto. Prendendo a respiração, eu esperava o *grand finale*. Papai, marchando solenemente, carregava nas mãos estendidas um velho penico, com o qual coroava a cabeça do boneco. Eu batia palmas e rolava de rir.

Tudo é muito bom e divertido... no início. O inverno na Ucrânia geralmente dura quatro, cinco meses. Os dias curtos, o frio, as geadas, os ventos com nevascas frequentes, os nevoeiros que mais parecem leite, as roupas grossas que impedem a liberdade dos movimentos, tudo isto somado produzia em mim um pensamento melancólico: "Será que tem sol atrás das nuvens? E o verde, onde está? Por que as árvores com tantas folhas verdes agora estão nuas e pretas?"

À medida que o inverno avançava, eu ficava mais impaciente. Num raro dia de sol, eu estava brincando enquanto papai tirava a neve da frente da nossa porta. Resolvi contar a ele como eu estava triste com todo aquele branco, e a saudade que eu tinha das flores e do verde. Perguntei por que eles desapareciam e quando e como iriam voltar. Eu era bem pequena mas lembro muito bem sua resposta. Meu pai me contou uma historinha da qual nunca esqueci:

— Quando você brinca o dia inteiro, fica cansada e de noite vai dormir. Para que não sinta frio, nós a cobrimos com o edredom. De manhã, já refeita, você de novo está alegre e pronta para brincar. Assim também acontece com as plantas. O verão é o dia delas. Elas também se cansam, precisam de repouso e vão dormir no inverno, que para elas é a noite. Para que não congelem e morram de frio, ficam cobertas de neve, que lhes serve como edredom. Está vendo o sol? É um príncipe passeando numa carruagem de fogo. Pois ele também fica cansado de todo este branco, também sente saudades do verde. Para tirar o edredom e acordar as plantas, o sol começa a mandar seus raios cada vez mais quentes para a neve. O edredom da neve derrete e vira água.

Papai botou um tanto de neve na pá, riscou um fósforo numa folha de jornal, encostou a chama sob a pá e vi o milagre: a neve se transformou em água diante dos meus olhos.

— E aí as plantas acordam, bem descansadas, mas amassadas e marrons depois do longo sono. Para tingi-las de verde, o príncipe-sol começa a esfregar as rodas amarelas da sua carruagem no céu, que é azul.

Quando entramos em casa, ele pegou uma folha de papel azul e começou a desenhar com um lápis amarelo, até preenchê-la completamente. Vi outro milagre: o azul se transformara em verde.

— Então o sol chama a primavera e, através dos seus raios, ela desce junto com o verde para a terra, a grama, as plantas e as árvores. O sol fica alegre ao ver aquele verde e aquelas flores. Fica feliz por ter transformado a tristeza em alegria. A gente também pode transformar tristeza em felicidade. Só não deve se desesperar. É preciso ter paciência ao procurar saber como mudar a situação.

Depois disso, sempre que estava triste ou com medo, quando as sirenes uivavam e as bombas caíam, eu vestia um casaquinho de lã verde e dizia:

— Olha, sol, eu também estou de verde.

Justiça seja feita ao comunismo, que, entre várias conquistas como a medicina gratuita, o trabalho para todos, a moradia (mesmo que fosse no apartamento *komunalka*, "comunitário") etc., também acabou com o analfabetismo na União Soviética e estimulou a leitura. O artigo mais farto e barato nas lojas era o livro. A leitura começava com fábulas, contos infantis e de fadas. Nas livrarias, escolas e casas, os livros infantis, com ilustrações coloridas, enchiam as prateleiras. Autores nacionais e estrangeiros, modernos e clássicos, em prosa e verso. Pushkin, Tolstoi, Marshák, Perrault, Irmãos Grimm, Hans Christian Andersen, *Contos das Mil e Uma Noites*, entre muitos outros, faziam parte do cotidiano das crianças.

As crianças maiores liam Daniel Defoe, Júlio Verne, Walter Scott, Gogol. As leituras estimulavam a imaginação e davam asas à fantasia. Possibilitavam uma melhor elaboração das dificuldades e ajudavam as crianças a enfrentá-las sem perder a esperança de um desfecho feliz.

Marshák era um dos favoritos dos pequenos soviéticos. Em versos de rimas fáceis com poucas palavras, ele nos apresentava os animais, as árvores, as plantas, as flores, as cores, as profissões, os meses do ano. Foi através da sua tradução de um verso de Rudyard Kipling que soube da existência de um país chamado Brasil.

> *Eu nunca estive na distante Amazônia.*
> *Do porto de Liverpool, sempre às quintas-feiras,*
> *Saem os navios rumo às longínquas costas.*
> *Eles navegam rumo ao Brasil, ao Brasil, ao Brasil.*
> *Eu também quero ir às longínquas costas do Brasil.*
> *No Brasil ensolarado, no interior do Brasil,*

> *Existe uma vasta abundância de animais jamais vistos.*
> *Será que um dia eu verei o Brasil, Brasil, Brasil, Brasil?*
> *Será que conseguirei avistar o Brasil até a minha velhice?*

Para mim, o Brasil parecia ser a Terra Encantada. Uma terra que eu nunca conseguiria avistar. Nem na velhice. Só em sonhos.

A vida na União Soviética era contraditória. Se por um lado os livros eram o artigo mais barato e disponível, móveis, roupas e utensílios domésticos eram caros e escassos. O uso de algumas palavras numa língua pode refletir não somente a época como também a situação econômica e social. O não uso também.

Com a falta crônica de tudo, palavras como "comprar" e "vender" caíram em desuso na União Soviética. Elas não eram usadas. Não eram na minha época, e após o fim da União Soviética assim continuaram por muito tempo. A correspondente para comprar era "conseguir", "achar", "arrumar", "pegar". No lugar de vender, empregava-se "dar" ou "jogar fora".

Todo cidadão soviético, ao sair de casa, carregava um artigo precioso e muito necessário, chamado *avósika* ("e se por acaso", numa tradução do russo). Tratava-se de uma sacola de linha ou de barbante, semelhante às que envolvem batatas, laranjas e limões nos supermercados brasileiros. Vazia e esticada, ela parece uma corda fina, não ocupa espaço. Mas ao abri-la e distendê-la, é possível acomodar uma porção de coisas. Se ao andar pela rua a pessoa percebia uma fila, logo perguntava: "Quem é o último? Eu estou depois de você."

Uma vez garantido o lugar, fazia-se a pergunta: "O que estão dando?" Se alguém reclamasse da qualidade ou de outra coisa, a resposta invariavelmente era: "Engula aquilo que te dão." Não havia escolhas. Ao chegar sua vez, "pegava" o que estavam "dando" e guardava o "conseguido" dentro da sua *avósika*, dentro da sua "e se por acaso".

É provável que agora, tantos anos depois do fim do "paraíso comunista", quando Moscou se tornou um celeiro de milionários, os termos "comprar" e "vender" tenham voltado a ser usados. Mas, para os mais velhos como meu primo Génia, "pegar", "conseguir" e "dar" continuam sendo expressões corriqueiras.

Já que não ficava bem para o comunismo soviético seus cidadãos procurarem consolo na religião, trocaram a anestesia do "ópio do povo" pela do "pão e circo". Se a técnica, usada para impedir o agravamento do desagrado de uma população, funcionou para os imperadores da Roma Antiga, por que não iria dar certo para o deus Stalin?

Pão não havia muito, mas o circo... Ocupavam quase todo o tempo livre das pessoas com diversões variadas. Valia tudo. Menos pensar. As empresas organizavam atividades de teatro, canto e dança, esportes, filmes, excursões, pacotes de férias nos sanatórios do mar Negro, colônias de férias para crianças. E tudo em grandes grupos. Os funcionários treinavam marchas intermináveis, cantando em coro, a plenos pulmões, as loas à pátria e a Stalin, o Grande. Enquanto estivessem se divertindo não pensariam nas perseguições, nas prisões, na Sibéria, nas filas etc.

Mas havia também outra, digamos, "sacanagem": a oferta "voluntária" dos trabalhadores de doar horas extras de trabalho para o bem da pátria. Oferta não era bem a palavra certa. As pessoas não "ofereciam", elas "exigiam" fazer horas extras. Reivindicavam o direito de poder trabalhar em turnos duplos. Elas faziam isso porque temiam as consequências caso não o fizessem.

Lembro-me da mamãe saindo de casa com uma bandeira. Quando lhe perguntei o porquê do adereço, ela respondeu que ia, ao lado de arquitetos e engenheiros, fazer piquete na frente de sua empresa. Eles "exigiam" poder trabalhar dois domingos por mês. Estavam doando sua força de trabalho. E ai daqueles que não comparecessem àquelas manifestações!

Cumprir as normas preestabelecidas nos planos de trabalho era exigido de todos. Ultrapassá-las era esperado de muitos. Aos que mais conseguiam eram entregues prêmios, com discursos de louvor, na presença de todos os colegas.

★ ★ ★

Tio Tira era engenheiro-chefe numa mina de carvão. Num domingo, houve uma explosão no local. Ele foi acusado de sabotagem, preso, interrogado e torturado. Afinal de contas, meu tio era casado com a filha de um ex-proprietário de mina.

Como a casa dos meus tios era longe de Stálino, onde ficava a prisão, tia Lena hospedava-se conosco nos dias de visita. Ela contou que tio Tira ficara de cabelos brancos rapidamente. No ano seguinte, ele foi solto. Fiquei impressionada com sua boca cheia de dentes de aço. Ele não contava a ninguém o que passara durante aquele período. Provavelmente, nem à mulher dele.

Somente depois que os alemães ocuparam nossa cidade tio Tira levou meu pai ao lugar onde ficara preso e contou sobre as torturas. Enfiavam agulhas sob suas unhas e ele assinava a confissão. No julgamento, ele afirmava que assinara sob coação e voltava para trás das grades. Arrancavam-lhe os dentes, ele assinava nova confissão e mais uma vez ia a julgamento. Novamente afirmava que assinara sob coação. Ao saber que meu tio era fumante, ofereceram cigarros de dentro de uma gaveta aberta. Ao tentar pegar um, a gaveta foi fechada com sua mão dentro, quebrando-lhe todos os dedos. Ele assinou a confissão, foi a julgamento e assim sucessivamente.

A visita aos presos acontecia às sextas-feiras. Certa vez, após visitar o marido na prisão, tia Lena resolveu passar o fim de semana conosco. No sábado, mamãe saiu cedo para trabalhar mas voltou em poucos minutos. Animada, contou que uma fila se formava na porta do armarinho. Um caminhão descarregava mercadorias e ninguém sabia do que se tratava. Mas era uma oportunidade de "conseguir" algo novo. A loja abriria apenas na segunda-feira. Mamãe pediu à tia Lena para ir correndo ocupar um lugar na fila. Da varandinha, eu via a fila crescer. Quando mamãe voltou do trabalho, rendeu tia Lena. Dia e noite as duas se revezavam na fila, que no domingo já serpenteava pelo prado em frente.

Enfim segunda-feira. A porta da loja se abriu e os primeiros da fila entupiram o minúsculo espaço. Horas depois, mamãe e tia Lena chegaram em casa. Triunfantes, as duas traziam nas mãos os troféus conquistados. Irradiantes, tiraram os tesouros "conseguidos" das *avósikas*: alguns metros de fazenda adamascada de cor lilás clara e pares de galochas. De repente, ouvi um grito, seguido do choro convulsivo de mamãe.

Haviam lhe "dado" dois pés esquerdos de galochas. Àquela altura, o estoque do armarinho já estava vazio. Centenas de pessoas voltavam de mãos vazias, cansadas com as horas de fila. Quem estava havia dias na fila conseguiu entrar e "pegar". E, naquele momento, a "tragédia" se repetia em outra família. Alguém "pegara" e levara para casa dois pés direitos de galochas.

Capítulo 4

Junho sempre era mês das férias escolares. A tarde do dia 22 de junho de 1941 estava ensolarada. Brincávamos de esconde-esconde na frente do nosso prédio. Nossa brincadeira foi abruptamente interrompida por uma menina correndo e gritando, ainda de longe:

— Guerra, guerra! Começou a guerra! Nossos pais serão convocados, vão ser mobilizados! Terão que ir para o front! Para lutar, para combater!

Não entendi nada. Eu, nos meus 7 anos, ainda não sabia o que era a tal da guerra. Não tinha a mínima ideia do que seria o front para onde meu pai teria que ir. Lutar? Combater? O que significava "convocados"? E "mobilizados"? Assustados, todos corremos para nossas respectivas casas. Parecíamos uma barulhenta revoada de pardais. Quando entrei em casa encontrei meus pais sentados, ouvindo no rádio a transmissão de uma voz masculina. Estavam com as expressões muito sérias e, com gestos, me fizeram ficar calada. Ninguém dizia nada. Ninguém comentava nada. Não na minha frente. Devia ser a síndrome de Pavlik Morozov.

Ter um rádio com potência suficiente para captar as transmissões em ondas curtas significava ouvir *A Voz da América* ou o noticiário da BBC, transmitidos em russo. Era proibido ter um rádio desses. Só nos era permitido um aparelho de ondas longas para as transmissões locais. Mas a vasta maioria da população tinha em casa um alto-falante. Era uma caixinha redonda, presa à parede e conectada diretamente a um transmissor central. Um único programa, quer fosse música, notícias ou doutrinação partidária, era ouvido por todos ao mesmo tempo. Não se podia mudar de estação; era possível apenas ligar ou desligar. Era o tal "engula o que te dão". Quando os carrilhões na torre vermelha do Kremlin batiam as horas, toda a União Soviética — que ocupava um sexto da parte terrestre do globo — ouvia aquelas batidas e uma voz anunciando: "Atenção, fala Moscou..."

Foi através de um desses alto-falantes que meus pais ouviam a comunicação oficial, repetida desde o meio-dia, de Vyacheslav Molotov, ministro das Relações Exteriores da União Soviética, anunciando a guerra:

> *(...) O governo soviético e seu guia, o camarada Stalin, determinaram que eu transmitisse esta declaração ao povo soviético. Às quatro horas da madrugada de hoje, sem qualquer declaração de guerra e sem nada reivindicar da União Soviética, tropas alemãs atacaram nosso país, violaram nossas fronteiras em vários pontos. (...) Esta guerra foi imposta pelos sanguinários dominadores da Alemanha. (...) O governo conclama a todos, homens e mulheres, cidadãos da União Soviética, para aglutinarem-se cada vez mais em torno do glorioso Partido Bolchevista, dos seus dirigentes e do seu grande guia, o camarada Stalin. Nossa causa é justa. O inimigo será derrotado. A vitória será nossa!*

Para nós começava a Grande Guerra da Pátria.

Só que antes Hitler empreendera a *Blitzkrieg*, "a guerra-relâmpago".

Em 23 de agosto de 1939, Ribbentrop e Molotov, respectivamente ministros das Relações Exteriores de Hitler e Stalin, assinaram em Moscou o Pacto Germano-Soviético de Não Agressão, e dividiram a Polônia entre si.

Em 1º de setembro de 1939 começava a Segunda Guerra Mundial. A Polônia foi invadida por Hitler pelo oeste. Dezesseis dias depois era a vez de Stalin se infiltrar pelo leste. Em seguida, o líder alemão lançou a Operação Tannenberg, que visava à aniquilação da vida política, intelectual e cultural da Polônia.

Dezenas de milhares de poloneses foram executados. Stalin, por sua vez, ordenou a deportação de 1,7 milhão de intelectuais, oficiais militares, policiais e civis para as prisões soviéticas. Em março de 1940, na floresta de Katyn, a cerca de 300 quilômetros de Moscou, soldados vermelhos executaram mais de 25 mil oficiais poloneses com um tiro na nuca. Os corpos foram jogados em valas comuns e empilhados em até 12 camadas.

Em setembro, foi assinado o Pacto Tripartite entre a Alemanha nazista, a Itália fascista e o Japão imperial, formando a aliança militar do Eixo. Ao Pacto Tripartite aderiram Hungria (o único país a permanecer fiel ao pacto até o fim), Romênia, Eslováquia, Bulgária e Iugoslávia. Formou-se o Poder do Eixo.

Fazendo jus ao nome *Blitzkrieg*, o Exército alemão invadiu e ocupou vários países com a rapidez de um relâmpago entre 1939 e 1941. Feito dominó, caíram também Dinamarca, Noruega, Bélgica, França, Luxemburgo, Holanda, Romênia, Bulgária e Iugoslávia.

Enquanto isso, sob o pretexto de combater o comunismo, Hitler preparava a Operação Barbarossa, a invasão alemã da União Soviética. Dizia ele em dezembro de 1940: "Quando a Operação Barbarossa for desfechada, o mundo ficará sem fôlego. É preciso aniquilar as raízes biológicas do bolchevismo. As forças armadas alemãs devem estar preparadas para esmagar a União Soviética numa campanha rápida." Só que a operação não seria uma guerra puramente ideológica.

Hitler, na realidade, estava interessado no *Lebensraum* ("espaço vital" em alemão), e, sobretudo, nos imensos recursos econômicos, materiais e humanos da União Soviética, em geral, e da Ucrânia, em particular. Na Ucrânia os alemães cobiçavam cereais, carvão e outros metais da região de Donbáss e petróleo do Cáucaso.

Acreditando no pacto assinado entre eles, Stalin, sem saber da preparação da Operação Barbarossa, enviava para a Alemanha toneladas de suprimentos alimentícios e de minérios.

Durante esse período foi proibido aos soviéticos fazer qualquer crítica aos alemães ou ao nazismo. Os dois jornais oficiais, *Pravda* (A verdade) e *Izvéstia* (As notícias), que toda a União Soviética lia, mencionavam os fatos, porém sem comentários. A respeito desses jornais corria às escondidas uma piadinha pela qual se podia ser preso: "No *Pravda* não tem *Izvéstia* e no *Izvéstia* não tem *Pravda*."

★ ★ ★

A "lua de mel" com a Alemanha durou até as 4 horas do domingo, 22 de junho de 1941, quando teve início a Operação Barbarossa. Mas — ironia do destino! — a última remessa de suprimentos para a Alemanha seguiu poucas horas antes da invasão alemã.

Stalin, pego de surpresa, levou alguns dias para se refazer do choque produzido pelo rompimento do Pacto Germano-Soviético de Não Agressão. Foi somente depois de dez dias, em 3 de julho, que ele transmitiu um comunicado determinando a estratégia de "terra arrasada". O que fosse deixado para trás seria destruído na retirada. (A mesma política foi adotada com sucesso pelo czar Alexandre I, em 1812, contra a invasão da Rússia por Napoleão.)

Stalin ordenou a evacuação de tudo que pudesse ter algum valor militar. Toda a indústria, o material e a maquinaria deveriam ser transferidos para os montes Urais, a Ásia central e a Sibéria. Cidades, casas e plantações deveriam ser destruídas ou queimadas. Nenhum recurso poderia ser deixado aos invasores. O povo soviético deveria abandonar toda e qualquer complacência com os alemães.

No dia seguinte, Stálino amanheceu tomada por cartazes antiAlemanha e antinazismo. Cada qual mais aterrorizador do que o outro. Os cartazes estavam em todos os lugares: nas paredes das casas, nos portões, nos postes e nos quiosques. Os soldados alemães eram representados como bichos, lobisomens, com dentes de Drácula. Dos dentes escuros escorria o sangue dos belos soldados soviéticos. Um alemão, que até então para mim não dizia nada, passou a ser o alemão dos cartazes. Mas eu sabia que havia outras nacionalidades além daquelas que constituíam a União Soviética.

Eu sempre ouvira que os americanos tinham que ser "alcançados e ultrapassados" — este era o lema. E ao ler *A Cabana do Pai Tomás*, de Harriet Beecher Stowe, chorava pelos negros — apesar de nunca ter visto um — e odiava os americanos. Também os desprezava por causa de um poema infantil de Marshák, chamado *Mister Twister*, sobre um ex-ministro americano, milionário e dono de fábricas, jornais e aviões.

A pedido da filha, concorda em fazer turismo na União Soviética. Ao chegar a Leningrado, vai ao hotel onde tinha uma reserva de duas grandes suítes. Assim que entra no saguão, vê um negro descer a escada. Ele se recusa a ficar. Sai então à cata de outro hotel, mas todos estão cheios. Exausto, volta ao primeiro, só que os quartos já foram ocupados. É-lhe oferecido um pequeno cômodo, mas avisam que o quarto à sua direita é ocupado por um chinês, o da esquerda por um malaio, o de cima por um mongol e o de baixo por um mulato e um negro. Ele grita "Ok!" e aceita ficar no quartinho apertado.

Eu amava aquela historinha e dizia para mim mesma: "Bem feito para Mister Twister!" Os chineses, os japoneses e os árabes, estes eu conhecia através de *Contos das Mil e Uma Noites* e dos contos de fadas. Mas os alemães eu não conhecia.

A omissão dos meus pais foi de não terem me explicado o exagero das figuras grotescas nos cartazes e com isso diminuir o meu terror. Mas... cadê coragem para fazê-lo? Provavelmente se deveu mais uma vez ao fator Pavlik Morozov.

Também no mesmo dia começaram a cavar trincheiras no prado em frente ao nosso prédio. Avisaram que, em caso de possíveis ataques aéreos, haveria treinamento para a população. Como se temia a guerra química, foram distribuídas máscaras antigás, com as seguintes instruções:

1. Quando a sirene disparar o primeiro longo sinal de alarme, todos devem sair correndo dos apartamentos para a rua;
2. Pôr as máscaras no rosto;
3. Enquanto as trincheiras não estiverem prontas, descer para os porões;
4. Esperar no porão até ouvir os apitos curtos que significam o fim do ataque aéreo;
5. Retirar as máscaras e voltar para casa.

O primeiro exercício de treinamento foi traumático. A visão de meus pais, amigos e vizinhos com os rostos escondidos atrás das máscaras e transformados em algo assustador, nunca antes visto, me fez vomitar e tremer tanto que mal conseguia respirar. Imóveis, imensos olhos de vidro olhavam para mim. Do lugar onde deveriam ser o nariz e a boca, pendia uma tromba de borracha anelada.

Nunca mais tive aquele sentimento de pavor. Com o passar dos dias e dos exercícios repetidos, o soar do alarme da sirene avisando o ataque aéreo e a visão das pessoas de máscaras não me assustavam mais. Há um ditado russo que diz: "Homem não é porco — se acostuma a tudo." E eu me acostumei.

Eu estava de férias e a vida parecia ter voltado ao normal, se não fossem os cartazes, cada vez mais coloridos e assustadores, das bestas alemãs devorando crianças soviéticas. Mamãe nos levava de manhã para a casa da vovó, ia trabalhar e de noite voltava conosco para casa. Às vezes Ludmila ficava em Stálino. Íamos de bonde. A viagem até Kalínovka durava meia hora e passava por um trecho sem iluminação.

Certa noite, quando voltávamos num bonde lotado, fomos surpreendidos por súbitas faíscas azul-turquesa, seguidas por estalidos, um estrondo, um breu e finalmente a parada abrupta do veículo. Todos os que estavam em pé foram projetados para a frente. Ao colidir uns contra os outros, formou-se um amontoado de gente. Alguém soltou o primeiro grito e de repente o bonde transformou-se num contínuo e interminável uivo. Também comecei a gritar. Foi a primeira histeria coletiva à qual eu assistia e da qual participava. Havia sido apenas um curto-circuito, porém nunca mais me esqueci do cheiro de ozônio provocado. Cada vez que o sinto, digo que é de "eletricidade queimada" e me lembro do bonde, do curto-circuito e da histeria.

Depois do incidente no bonde, meus pais decidiram que mamãe e nós duas deveríamos nos mudar para a casa dos meus avós maternos em Stálino. Papai, infelizmente, teria que dormir no apartamento em Kalínovka. Ele vinha depois do trabalho, jantávamos juntos, brincávamos, ele lia ou contava histórias para mim e depois tomava o bonde para Kalínovka.

★ ★ ★

A casa dos meus avós maternos era minha velha conhecida. Minha mãe me deixava de manhã com vovó, ia para o trabalho e me pegava no fim do dia. A irmã dela, tia Anfissa, fazia o mesmo. Deixava o filho Génia para passar o dia com vovó. E assim, dia após dia, eu e Génia crescíamos juntos. A palavra "primo" em russo é *dvoiyúrodnyi brat*, "irmão de segundo grau". Temos a mesma idade e, apesar de sermos primos, nos consideramos irmãos.

Meu avô materno, Yevtíkhyi (Túcia), foi maquinista de locomotiva quando jovem e depois se formou em arquitetura. A esposa, Anna, vinha de uma família de cossacos da região do rio Don. O ramo cossaco da minha mãe era famoso por sua longevidade. Frequentemente, ouvia da minha mãe histórias, que eu considerava fantásticas, sobre como a bisavó dela foi atingida por um raio.

Fotos 10 e 11: Ao lado de meu inseparável primo Génia com 1 e 2 anos de idade

Minha tataravó morava numa aldeia de cossacos e tinha quase 80 anos. Num dia de tempestade, ela saiu de casa, deixou a porta aberta e ficou na soleira observando os relâmpagos. Um raio em forma de bola teria entrado na casa pela porta aberta, dado uma volta e saído. Ao sair, passou tão perto da tataravó que ela caiu desmaiada. O raio se chocou contra uma árvore, incendiando-a em seguida.

Os familiares da tataravó choravam, imaginando-a morta. Os vizinhos cavaram um buraco no chão, colocaram dentro a tataravó inerte, cobrindo-a até o pescoço. Durante horas molharam a cabeça e a terra ao redor, até ela abrir os olhos de repente. Desenterraram-na e a tataravó se fez batizar de novo com outro nome. Passou então a contar a idade a partir daquele dia. Viveu mais 56 anos, tendo morrido aos 136.

Sempre considerei essa história uma lenda familiar. Não acreditava no tal do raio-bola nem na reanimação-regada. Não acreditava até saber que de fato existe o fenômeno do raio-bola. É um tipo especial de energia elétrica que geralmente consiste de um balão de plasma ou de gás fortemente ionizado. Pode durar de alguns segundos a minutos, e seu tamanho chega a variar de poucos centímetros até um metro de diâmetro. Não acreditava até ouvir de Thomaz Green Morton, o paranormal do sul de Minas, o relato de sua própria história. Depois de ter sido atingido por um raio, ele ficou tão carregado de energia que todos os metais se retorciam quando ele se aproximava. Ele foi enterrado somente com a cabeça de fora e regado para que o excesso de energia fosse descarregado. Parece que a parte da lenda a respeito do raio é verdadeira. Quanto aos 136 anos, eu tenho lá minhas dúvidas e não ponho minha mão no fogo. Mas... quem sabe? Talvez até isso seja verdade.

A filha dela, minha bisavó, viveu até quase os 100 anos. Minha mãe a admirava muito e nós, as crianças, sentíamos um temor inexplicável diante dela. Lembro-me das raras visitas dela à casa da minha avó. Era uma mulher alta, forte e altiva. Tinha uma voz de comando, que não admitia contradições, e dizia ser uma verdadeira cossaca. Quando vinha de visita no inverno, fazia sempre uma entrada teatral. Entrava sem bater, ia até o centro da sala, batia palmas cinco vezes e, quando todos estavam olhando, ela, com um largo gesto, fazia seu casaco de pele deslizar pelos ombros e cair no chão.

A última vez que eu a vi foi no verão de 1938. Ela estava doente e, como fazia muito calor, deitaram-na no chão, sobre um colchão, onde diziam que o ar era mais fresco. Deitada, ela me pareceu outra mulher, uma que eu desconhecia: fraca, impotente e desamparada. Aos poucos ela foi diminuindo de tamanho, até morrer tranquilamente numa tarde quente de verão. Os enterros na Rússia e na Ucrânia são feitos três dias após o óbito. Ouvi mamãe pedir a uma vizinha que cuidasse de nós duas no dia do enterro.

Mas nesse meio-tempo eu adoeci. A febre estava subindo e mamãe chamou uma médica que diagnosticou caxumba. Por ser uma doença contagiosa, ela aconselhou que afastassem minha irmã do meu convívio. Mamãe resolveu levar Ludmila para a casa dos meus avós tão logo papai chegasse do trabalho. Naquela época, estávamos morando em Rútchenkovo.

Naquele dia, meu pai foi despedido devido aos seus antecedentes familiares. De novo. Disseram que ele não era digno de lecionar no instituto e que teria que liberar o apartamento imediatamente. Ele não disse nada a mamãe para não preocupá-la antes da hora; procurou resolver a questão do despejo com as autoridades competentes. Passou o dia inteiro na diretoria tentando provar que não era um inimigo da pátria.

O telefone tocou quando mamãe estendia lençóis no varal da varanda. Era tia Anfissa comunicando que, devido ao grande calor, o enterro da minha bisavó havia sido antecipado para aquele dia. Mamãe tentou avisar meu pai, mas não conseguiu encontrá-lo. Resolveu ir assim mesmo. Ela sabia que eu nunca tivera medo de ficar sozinha. Disse-me que retornaria em algumas horas e que nossa vizinha estaria de olho em mim até sua volta ou a do papai. Deixou água, o penico e o telefone ao meu alcance, pegou minha irmã no colo e correu para pegar o bonde para Stálino.

Ardendo em febre, fiquei entre dormindo e acordando, sonhando e delirando, até que ouvi vozes masculinas e de uma mulher. Abri os olhos e vi, através da porta aberta para a varanda, homens tirarem os lençóis e as fronhas do varal e os jogarem em uma grande bacia de alumínio. Ao baterem contra a bacia, os pregadores produziam sons iguais aos de granizo caindo sobre telhado de zinco. Os lençóis pareciam voar. Vi nossa vizinha gritando com os homens, que brigavam com ela de volta. Eles gesticulavam e ameaçavam a mulher. De repente, ela ficou quieta.

Nosso apartamento ficava no segundo andar. Os homens pegaram minha cama e a levaram escada abaixo, em direção ao pátio. Comigo em cima. Ao descer, degrau por degrau, eles balançavam a cama e eu era jogada para trás e para a frente. A vizinha, que segurava minha mão, acompanhava calada e conformada. Colocaram a mim, a minha cama e a bacia com os lençóis embaixo de um toldo. Fiquei muito enjoada e vomitei.

A vizinha, que não largava minha mão, sentou na beirada da cama. Os homens voltaram várias vezes com nossos móveis. Iam e vinham, até que todos os nossos pertences estavam amontoados ao meu lado. Deixaram-me com a vizinha e foram embora. Como papai não sabia do meu estado, da ausência da mamãe e nem que já havíamos sido efetivamente despejados, demorou a chegar. Mais do que o usual. Ele estava tentando evitar o despejo. Quando chegou, mamãe tinha voltado sem a Ludmila (que ficara com nossos avós em Stálino) e me levado para a casa da vizinha.

Eu e mamãe pernoitamos na casa dos vizinhos. Papai ficou embaixo do toldo, vigiando nossas coisas. Dias depois, ele foi transferido para outro trabalho, em outra empresa, e a nós foi designado um novo apartamento. Mais uma vez estávamos nos mudando. Dessa vez para Kalínovka, onde ficamos até o começo da guerra.

A única sequela que o episódio do despejo deixou em mim foi a do delírio, quando tenho febre muito alta. Eu vejo lençóis brancos balançarem no varal, ouço o barulho de pregadores de roupa caindo na bacia e a gritaria de vozes brigando. Pude constatar isto quando, anos depois, tive malária (imaginem, malária na Ucrânia, longe dos trópicos!) e também durante as frequentes inflamações de amídalas — que operei no Rio aos 26 anos. Felizmente, há muitos anos não tenho febre alta que provoque delírios.

*Fotos 12, 13 e 14: As três filhas de vovô Túcia e vovó Anna:
tia Anfissa, mamãe e tia Larissa*

*Foto 15: Vovô Túcia com
seu uniforme de maquinista*

Meus avós maternos tiveram quatro filhos: tia Anfissa, mamãe, tio Anatoli (Tólia) e tia Larissa (Liália).

Tia Anfissa, casada com tio Shura, era cirurgiã ortopedista e traumatóloga. Ela operava basicamente os mineiros, vítimas das frequentes explosões e desabamentos nas minas. Como meus avós, eles moravam em Stálino, mas na outra extremidade da cidade. Mamãe era arquiteta, trabalhava na administração regional de construção e tinha que ir diariamente de bonde de Kalínovka para Stálino.

O trabalho de mamãe consistia em visitar as pessoas que requisitavam algum reparo nas suas casas. Não existia comércio particular. Tudo pertencia ao Estado. Para comprar telhas, pregos ou vidro, tinha que ser apresentada uma guia de pedido para o material. Mamãe verificava o que faltava e "prescrevia" os pedidos como uma receita médica.

Foto 16: Vovó Anna e tia Larissa fazendo pose

Tio Anatoli, engenheiro mecânico, era casado com tia Fânya, que era judia e tinha um filho do primeiro casamento, Vládik. Eles moravam a um quarteirão dos meus avós. A irmã caçula, tia Larissa, engenheira de minas, não trabalhava e morava com meus avós. Loura, linda e alegre, ela tocava piano e era o xodó da família.

A casa dos meus avós maternos era grande para os padrões soviéticos. Tinha uma longa varanda envidraçada e quatro cômodos. Do pátio interno, subindo quatro degraus, entrava-se na varanda, que servia também de despensa e toalete. As janelas davam para o pátio interno. Ao longo da parede, embaixo das janelinhas quadriculadas, havia duas longas prateleiras. Na de cima ficavam secando cerejas, ameixas e damascos, além de maçãs e peras cortadas em rodelinhas. As frutas eram secas durante o verão e outono para que tivéssemos como ingerir vitaminas no inverno, e o seu perfume inundava a varanda. Na mesma prateleira, eram guardados pratos, talheres e utensílios domésticos. Na de baixo, havia garrafas com óleo de girassol, potes de mantimentos e vidros com conservas. Era o estoque para o inverno. No chão, espalhavam-se sacos, sacolas e balaios com batatas e legumes. E baldes.

Eram quatro tipos de balde: um para o carvão; um com água limpa para cozinhar, se lavar e lavar roupa; um para água suja, e um que servia de vaso sanitário nas noites de inverno.

As casas naquele quarteirão não tinham água corrente nem banheiro, muito menos privada. Tínhamos penicos embaixo das camas, que eram esvaziados pela manhã no balde, cujo conteúdo era despejado do lado de fora, na latrina.

No fundo da varanda havia um móvel, comum à maioria das casas da União Soviética. Não sei se foi uma invenção russa. Pelo menos, nas minhas andanças pelo mundo, nunca me deparei com uma engenhoca daquelas. Era um lavabo chamado *umyválhnik*, um móvel estranho de três níveis: uma pia apoiada em um armarinho com duas portinholas. Abrindo-as, via-se um balde para o qual escorria a água da pia. Uma torneira saía do espelho encostado na pia. Em cima do espelho, havia uma pequena caixa-d'água, que era enchida com um balde de água limpa. Uma mangueira saía da caixa, passava por trás do espelho e era ligada à torneira. Tinha-se a ilusão de lavar o rosto com água corrente.

Na casa dos meus avós, o balde de água suja, quando cheio, era substituído por um vazio e seu conteúdo despejado na latrina no pátio interno. A água corrente também ficava no pátio interno. Havia uma torneira em frente à latrina.

O *umyválhnik* era um objeto tão familiar a todos os russos e ucranianos que um dos contos infantis mais populares entre as crianças, *Moidadyr*, foi dedicado a ele em versos. Sei recitá-lo de cor até hoje.

Fala de um menino que não gosta de se lavar. Certa manhã, ao acordar, vê que à sua simples aproximação todas as suas roupas e objetos da casa fogem dele, de tão sujo que ele está. Então, do quarto da mãe, manco e com as pernas tortas, sai o velho *umyválhnik*, olha para o menino e, balançando a cabeça, anuncia ser ele o Grande Umyválhnik — o Famoso *Moidadyr*, o chefe de todos os *umyválhniks* e comandante de todas as esponjas e sabonetes. Diz que vai convocá-los para que lhe deem um bom banho com esfregões.

Depois de muitas peripécias, o menino se lava e fica limpo. Imediatamente suas roupas, livros e cadernos pulam em seus braços. O sanduíche salta direto para sua boca. Todos os outros objetos fujões voltam para os devidos lugares. E os versos terminam da seguinte maneira: "Então, crianças, peguem o sabonete cheiroso e a toalha fofa, o pente fino e a pasta de dentes, e vão se lavar e banhar, mergulhar e dar cambalhotas, no rio, no córrego, no oceano, na bacia, na banheira e na *bánhia*! Sempre, e em toda parte, glória eterna à água!"

Nas vezes em que voltei à Rússia e à Ucrânia e entrei em inúmeras casas de parentes, amigos e conhecidos, não vi um único *umyválhnik*. Havia água corrente nas casas que visitei. Mesmo assim, fico pensando: para onde foram todos aqueles *umyválhniks*? O que foi feito deles? Qual destino lhes foi dado? Provavelmente a maioria está nas aldeias ou nas *datchas*, pequenas casas com um pedacinho de terra encontradas ao redor das grandes cidades.

As *datchas* pertencem a alguns moradores das cidades. Eles vão para lá nos fins de semana para cuidar das suas pequenas hortas. Depois da novela de maior sucesso na União Soviética, *A Escrava Isaura*, as pessoas passaram a chamar suas *datchas* de fazenda. Dizem com um riso bem gaiato que vão para a fazenda. Claro que as *datchas* dos "novos russos" — os novos-ricos, os emergentes multimilionários — têm centenas de metros quadrados, e eles não a chamam de fazenda, mas sim de *cottage*.

Dos povos europeus, os russos e os ucranianos são os mais asseados. A sauna, ao contrário do que se pensa, não é uma invenção finlandesa, e sim russa — a eterna e onipresente *bánhia*. É um estabelecimento público onde, por um preço irrisório, se tomava (e se toma ainda hoje) prolongados banhos a vapor. Várias vezes por semana, e não somente aos sábados como era hábito em muitos países europeus. Nas aldeias, a *bánhia* é uma casinha de madeira. No inverno, quando o calor da *bánhia* se torna insuportável, as pessoas saem correndo e rolam na neve. Os finlandeses a copiaram e deram o nome de sauna.

O zelo pelo corpo e pelas mãos limpas era tão grande que nas escolas havia fiscais de limpeza. Geralmente eles eram os chamados *otlítchniki*, meninas ou meninos com boas notas. Ficavam parados na porta da sala e examinavam as mãos estendidas e as orelhas dos colegas de classe. Quem não passasse pela inspeção tinha que lavá-las e só depois voltar para a aula. O hábito de lavar as mãos é tão enraizado na cultura que é a primeira coisa que as crianças russas e ucranianas fazem, automaticamente, ao chegar da rua ou antes de sentar à mesa. Por isso, eu estranho muito nos filmes americanos e europeus ou nas novelas brasileiras quando vejo os personagens que, mal chegados da rua, sentam à mesa e começam a comer sem antes lavarem as mãos.

Ao lado do *umyválhnik* na varanda dos meus avós, encostadas na parede em frente às janelas, ficavam as bacias de alumínio. Serviam para tomar banho e lavar a roupa. Uma porta levava da varanda para a cozinha, iluminada por uma janela que dava para o pátio interno e pela luz das janelas da varanda quando a porta estava aberta. A água para o banho era esquentada no fogão a carvão, na cozinha.

A cozinha era também a sala de jantar, onde todos se reuniam em torno de uma grande mesa. Aquecidas pelo calor do fogão, as pessoas demoravam horas comendo, conversando, contando piadas. Eu amava aquelas reuniões-refeições. Prestava atenção a tudo que se falava. Ficava bem quieta para que não me mandassem sair.

Uma porta ligava a cozinha à sala. Duas grandes janelas, com cortinas de renda, davam para a rua. Havia ainda um piano, um sofá e uma mesa no canto onde se estudava, tomava chá e recebia visitas. Em cima do sofá e da mesa ficavam as prateleiras com livros. No entanto, o mais importante é que a sala era também o quarto dos meus avós. Havia uma grande cama com cabeceira de cobre e dois edredons de pluma de ganso — um para forrar o colchão e outro para se cobrir. Eu ficava fascinada com o brilho amarelo das bolas de cobre que enfeitavam a cabeceira.

Quando eu pernoitava na casa, dormia no sofá. As janelas não tinham persianas. À noite, a claridade da rua, dos carros e dos bondes iluminava o cômodo com uma luz intermitente. No verão dormia-se de janelas abertas e a brisa balançava as cortinas. Deitada no sofá, eu via as sombras rendadas das cortinas dançarem nas paredes e no teto. Os sons da rua, da cozinha, do alto-falante no canto da parede e as vozes dos vizinhos — sentados no banco na calçada embaixo das janelas — me embalavam. Achava tudo mágico.

Da sala, uma porta levava ao quarto de tia Larissa. Havia uma grande janela, com cortinas de renda, que também dava para a rua. Uma porta, na outra extremidade do cômodo, levava para um quarto pequenino, sem janelas, cheio de estantes e prateleiras com livros e que, por sua vez, se comunicava com a cozinha. Assim, fechava-se o círculo, ou melhor, o retângulo que era a casa dos meus avós.

Quando nos mudamos para a casa, tiraram uma estante do quartinho e colocaram um estrado, no qual mamãe e Ludmila passaram a dormir.

Quando ainda era estudante, certo dia tia Larissa saiu um pouco atrasada para a faculdade. Tinha que pegar o bonde. O ponto ficava na praça, em frente à casa. Ela viu que o veículo estava parado. Para pegá-lo tinha que passar na sua frente. Correu e atravessou a praça, mas quando ia passar na frente do bonde, escorregou e caiu. E o bonde se moveu. Tia Larissa ficou sentada no chão, rindo e acenando para as colegas que estavam no bonde. Ria alto, até ver que havia uma grande poça de sangue à sua volta, e que, ao lado, jazia uma perna, de meia e sapato. A dela. Minha tia desmaiou. Em frente à casa dos pais. Ela tinha apenas 18 anos. E eu, 3.

Levaram-na para o setor de cirurgia no Instituto de Traumatologia e Ortopedia onde a irmã, tia Anfissa, operava. Os colegas de Anfissa não queriam deixar que ela operasse a própria irmã. Mas quando soube que os médicos queriam operar acima do joelho, ela argumentou que queria salvar a articulação da perna. Insistiu tanto que acabaram permitindo. Ela salvou o joelho da irmã. Segundo os relatos da minha mãe, Larissa queria morrer depois de ter perdido a perna. Arrancava as bandagens, tentava pular da janela do hospital, recusava comida. Entrou em profunda depressão e contraiu tuberculose.

Graças aos cuidados profissionais da irmã, ao amor, ao zelo e ao carinho dos familiares, namorado e amigos, ela não morreu. Fizeram-lhe uma prótese. O cotoco encaixava-se na prótese, que era fixada acima do joelho por correias de couro, deixando a articulação livre. O formato da prótese da perna esquerda era igual ao da direita. Ela aprendeu a andar sem mancar e até dançava ao som de música lenta. Ninguém diria que tia Larissa usava prótese. Superou a ausência da perna quando viu que não tinha perdido o amor das pessoas e a condição de continuar levando a vida de antes.

Mas a tuberculose ficou. Tudo dela era separado. Tocava piano muito bem, cantava, ria, brincava, mas nunca nos beijava nem abraçava. Estimulava muito minha leitura. Instituiu uma competição com direito a prêmios. Comprava dois livros iguais, para mim e para Génia. Ganhava o prêmio o primeiro a acabar a leitura e a descrever corretamente o conteúdo. Assim, aos 5 anos eu lia sem parar. Tanto que papai ficava preocupado e dizia à mamãe:

— Válitchka, eu tenho medo de que a Iríchka fique muito introvertida. Ela está sempre sozinha, lendo.

Mal sabia ele como aquelas leituras me ajudariam a enfrentar as difíceis situações que a vida viria a me apresentar.

Em 1941, Larissa se formou engenheira e ficou noiva de um colega de turma, Grigóri, que nós chamávamos de Zhórzh. Dois meses após a formatura, começou a guerra.

Foto 17: Tia Larissa, o noivo Zhórzh e eu, aos 6 anos. Dois anos depois, Zhórzh foi lutar na guerra

Capítulo 5

Stálino, erguida sobre um declive, era dividida em ruas paralelas, chamadas linhas. A principal era a Primeira Linha e atravessava o centro da cidade. Para um lado subiam as linhas pares e, para o outro, desciam as ímpares. As ruas pares continuavam subindo e, depois de um certo número, passavam a ter nomes. Já as ímpares acabavam na Quinta Linha.

A casa dos meus avós ficava na última rua da cidade, a Quinta Linha, a duas quadras do Centro. Diante dela havia uma grande praça, pela qual passavam bondes, ônibus a diesel e elétricos. A parada de bonde ficava bem em frente à casa. Ao lado, havia um quiosque que vendia água com gás, *kefír* — um iogurte típico russo —, refrigerantes e... sorvetes. Eu adorava sorvete. Eles preparavam de uma forma que mais parecia um sanduíche: duas casquinhas redondas com uma bola achatada de sorvete no meio — parecia um hambúrguer.

E havia outro sorvete chamado Esquimó: uma casquinha fina de chocolate envolvia o recheio macio de sorvete de baunilha. Era igual ao Eskibon ou Magnum. Deve ter sido algum russo que o introduziu no Brasil. Talvez tenha sido até o padrinho da minha filha, Tatiana, que trabalhou na Kibon como engenheiro químico. Ele me explicou uma vez por que aquela casquinha de chocolate não derretia facilmente: na Rússia, acrescentavam gordura de carneiro à massa do chocolate. Meu refrigerante favorito era o Sitró, que lembra muito o guaraná brasileiro.

Atrás da praça, à esquerda, uma ponte levava para fora da cidade. Por baixo dela passavam os trens que transportavam carvão. À direita da ponte havia um circo, construído pelo vovô Túcia, e um pequeno parque de diversões. Durante a temporada do circo, meus avós costumavam hospedar os artistas. Alguns chegavam a virar nossos amigos, como a família Dúrov, famosos domadores de tigres. Posso dizer que cresci com o circo, pois podíamos ir a todas as apresentações. De graça!

Uma jovem, filha dos vizinhos, sempre se oferecia para levar a mim e a Génia ao parque de diversões. Vovó deixava. A jovem namorava o mecânico que controlava o carrossel. Ela então nos sentava em cima dos cavalinhos, entrava na cabine no meio do brinquedo, fechava a porta e, enquanto nós rodávamos e rodávamos, eles namoravam e namoravam. Um dia rodei tanto em cima do cavalinho que depois não conseguia andar em linha reta. Estava com tonturas, me sentindo muito mal o dia inteiro e à noite vomitei e fiz cocô na cama. Quando contei o que acontecia no parquinho, fomos proibidos de sair com a jovem. Nem eu queria mais rodar de cavalinho no carrossel. Hoje em dia, cada vez que vou à França visitar minha filha, gosto de sentar num banco e observar as crianças em cima dos cavalinhos girarem nos carrosséis espalhados pelos bairros de Paris. E fico me lembrando do meu carrossel em Stálino.

À direita do circo começava um pequeno parque, o Jardim da Cidade. Nele havia quiosques, onde vendiam sorvetes e refrigerantes, e um coreto na praça principal, com bancos em volta. No verão, aos domingos e feriados, uma pequena orquestra tocava valsas e tangos, e as pessoas dançavam na frente do coreto. Perto dos quiosques havia mesinhas com cadeiras e um guarda-sol.

Quando mamãe me levava ao consultório do dentista, eu sentava na cadeira, fechava a boca e me recusava a abri-la. Mamãe dizia:

— Abre a boca, Íratchka.

Eu apertava ainda mais a boca e balançava a cabeça em sinal de negação.

— Abre a boca, querida. Eu compro um sorvete quando sairmos daqui.

Eu balançava a cabeça de novo.

— Compro dois.

Negação.

— Compro três.

Então eu abria a boca e, terminado o trabalho do dentista, eu marchava triunfante com mamãe para o Jardim da Cidade. Sentava à mesinha embaixo do guarda-sol e só levantava depois de acabar com os três sorvetes. Ir ao dentista era uma festa para mim.

Passear no Jardim da Cidade com vovô Túcia também era muito bom. Menos nas ocasiões em que ele pegava Ludmila e Génia no colo. Eu ficava emburrada e reclamava:

— E eu?

Mas para mim faltava um joelho.

No fundo do Jardim havia uma descida íngreme que ia até um açude. Por ser muito fundo, as crianças eram proibidas de ir até lá sem a companhia de um adulto. No inverno, a superfície congelada servia de rinque de patinação, e, no verão, as margens faziam as vezes de praia para os banhistas.

Tudo isso na frente da casa dos meus avós. De casa, eu via a praça com todo o movimento: o circo e a ponte; as belas grades trabalhadas em ferro fundido e o portão principal do Jardim. E sabia que, atrás daquelas grades, havia mesas com guarda-sóis e quiosques com sorvete e o açude.

Olhando da praça, ao longo da calçada da Quinta Linha, só se viam paredes, portões e janelas. Alguns bancos ficavam encostados na parede entre os portões ou sob as janelas. No verão, os vizinhos sentavam do lado de fora para ver o movimento na praça, comiam sementes de girassol e fofocavam. Ao se levantar, o chão na frente dos bancos parecia coberto por um tapete de cascas pretas e brancas das sementes de girassol e de abóbora. Todos carregavam sementes tostadas nos bolsos ou em saquinhos.

Os passatempos favoritos dos russos e dos ucranianos — bate-papo, cinema, leitura, partidas de futebol etc. — eram, e são até hoje, acompanhados do "esporte" de descascar as sementes, comê-las e jogar as cascas fora. Pelas esquinas, mulheres, geralmente velhas, vendiam as sementes torradas. Ficavam sentadas num banquinho baixo, com um balde de cada lado e um copo na mão. Dentro de um dos baldes havia sementes de girassol e do outro, de abóbora. Para comprar, chegava-se perto da mulher e, na falta de qualquer recipiente, abria-se um bolso quase na altura do rosto dela e dizia:

— Dois copos das pretas, por favor.

Depois, abria-se outro bolso e completava-se:

— E um das brancas.

As "pretas" eram as sementes de girassol, e as "brancas", as de abóbora. As "brancas" eram mais caras.

Nenhuma das casas da Quinta Linha tinha saída direta para a rua. Somente atravessando o portão para o pátio interno é que se podia entrar em qualquer uma das residências. De dois em dois, os pátios eram conectados por uma passagem, formada de um lado pelo muro que unia os dois portões e, de outro, pela latrina com duas portas.

A latrina era construída em cima de uma profunda fossa. Cada uma tinha uma bancada com um buraco no meio. Podia-se sentar, mas todos preferiam subir e ficar em cima dela, de cócoras. A fossa era esvaziada regularmente. Vinha um carro com uma enorme cisterna, lembrando um caminhão-pipa. No verão, quando a fossa era esvaziada, o fedor era insuportável. No inverno não se sentia cheiro, mas os dejetos depositados na fossa aumentavam de volume devido aos congelamentos contínuos. Na primavera, tudo começava de novo. Os "limpa-merda" tiravam os primeiros blocos, meio degelados, e os transportavam não sei para onde.

No meio da passagem, em frente à latrina, havia uma bica na parede. Aquela única torneira de água corrente servia às seis casas dos dois pátios. O pátio formava um "U" invertido. Dentro de cada um deles havia três casas e uma cozinha de verão. As cozinhas de todas as casas tinham um fogão a carvão. Com os verões muito quentes — não raro ultrapassando 35 graus positivos — tornava-se impossível cozinhar dentro de casa. A cozinha de verão servia às famílias das três casas. Cozinhava-se do lado de fora, mas comia-se dentro de casa.

A residência dos meus avós era a primeira à esquerda e a única cujas janelas davam para a rua. Ao entrar no pátio, caminhava-se alguns metros ao longo da varanda envidraçada e, virando, subia-se quatro degraus para entrar na casa. A partir do portão, ao longo de todo o lado direito, havia a passagem para o pátio vizinho, a parede lateral da latrina, um galpão para carvão e a cozinha comunitária. No fundo do pátio ficava a segunda casa, um sobrado. Em frente à cozinha, entre a casa no fundo e a dos meus avós, se situava a terceira casa. Era a única com porão.

O porão era de uso comum. Funcionava como uma espécie de despensa. Como na época ninguém tinha geladeira, no verão guardavam-se lá os perecíveis sobre as largas prateleiras e, embaixo, sacos com batatas, beterrabas, cenouras e repolhos. No inverno, os barris com chucrute, pepinos, tomates e melancias em salmoura garantiam as vitaminas. No verão, o porão protegia os mantimentos do forte calor e, no inverno, das baixas temperaturas.

Mas naquele agosto de 1941, no auge do verão, o porão foi transformado em abrigo antiaéreo. Os mantimentos foram retirados das prateleiras e os barris serviram de bancos, com tábuas colocadas sobre eles. Cada vez que soava o alarme de ataque aéreo, os moradores das três casas tinham que se abrigar no porão. Era muita gente para um porão pequeno. Por isso era proibido levar qualquer volume; só uma bolsa ou pasta com documentos.

Temendo perder tudo, caso uma bomba destruísse ou incendiasse suas casas, as pessoas vestiam quantas roupas conseguissem, umas por cima das outras. Ao chegar, colocavam as crianças, inchadas pelas roupas, nas prateleiras. As menorezinhas ficavam deitadas e as maiores, sentadas. Os adultos se acomodavam nos bancos feitos de barris. À noite não era permitido qualquer tipo de iluminação, mesmo que fosse apenas um fósforo ou um cigarro aceso. De dia entravam feixes de luz pelas frestas. Tínhamos que permanecer no porão até o alarme de apitos curtos anunciar o fim do ataque. Era o sinal da permissão para sair do abrigo.

A angústia de ficar deitada na prateleira, com o suor escorrendo pelo corpo coberto com várias camadas de roupas, que pela espessura afastavam os braços, era quase insuportável. Digo "quase" porque sobrevivi. Mas até hoje tenho horror a muitas roupas, e se pudesse andar nua, andaria. A respeito da minha experiência naquele porão escrevi *Verão 41*:

As prateleiras estão cheias de repolhos.
Bem encaixados, um a um, por segurança.
Só podem respirar e revirar os olhos.
Chorar, talvez... Mas o coçar, que esperança!
Deitados na escuridão, estão com medo.
Não há espaço para fazer um movimento.
Sentem a pele só com o dedo contra o dedo.
Seria uma bênção, se coçar por um momento.
Inúmeras camadas, grossas e espessas,
envolvem os seus troncos com muitas roupas-folhas.
Aos braços afastados, impedem o acesso
aos pontos da coceira nos corpos dos repolhos.
Por causa das camadas, do medo e do calor,
as prateleiras no porão viram tortura.
Ao movimento de coçar, agora dão valor
estes repolhos, cultivados com ternura.
É abafado, escuro e pulguento o porão.
Suor escorre e encharca os repolhos.
As vozes, abafadas por clarão das explosões,
estão tentando acalmar o choro dos pimpolhos.
Quando a sirene soa o fim do ataque,
soa também do coçar-se a esperança.
Os pais carregam os repolhos para casa. Feito um saque.
Tirando-lhes roupas — transformam repolho em criança.

Os jovens, os estudantes universitários e os recém-formados foram convocados para servir ao Exército. Zhórzh, noivo de tia Larissa, foi um deles. Na véspera da partida para o front, houve uma grande e ruidosa festa de despedida na casa de meus avós. Amigos de Larissa, com os respectivos namorados e namoradas, encheram a casa. Tocaram piano, violão e acordeão. Cantaram as canções patrióticas e as românticas. Dançaram e beberam até o amanhecer. Até a hora da partida dos novos soldados. Na despedida, abraçaram-se, beijaram-se e acompanharam os amados para fora do portão. Enquanto eles dobravam a esquina, elas acenavam lenços brancos, no meio da rua. Depois entraram na casa e, abraçadas umas às outras, choraram.

Tio Tólia não foi convocado para o Exército. Tinha os pés chatos e as pernas com veias dilatadas. Ele morava a uma quadra da casa dos meus avós com a mulher, Fânya, grávida de sete meses, e com o enteado Vládik. Os familiares tentavam convencer tia Fânya a fugir com Vládik por causa da perseguição dos alemães aos judeus. Diziam que ela devia fugir com o pessoal que estava sendo evacuado.

Mas ela se recusou. Dizia que não acreditava que os alemães perseguiam os judeus, que aquilo devia ser uma propaganda antialemã, que o pai era de origem alemã e sempre lhe contara como o povo daquele país era culto e educado. Ela lia em alemão e até falava um pouco da língua. Vládik passava o dia inteiro conosco enquanto os pais trabalhavam. Papai e mamãe também continuavam trabalhando. Papai desmontava as instalações das minas, e mamãe e vovô Túcia cavavam e construíam o abrigo antiaéreo sob o Teatro da Ópera, na Primeira Linha.

Mas na hora do jantar ficávamos todos juntos, uma grande família reunida na cozinha, em volta da mesa. Com exceção dos ataques aéreos e das idas ao porão, a vida parecia fluir como antes. Eu brincava com Génia, Vládik e com as outras crianças dos dois pátios, enquanto vovó Anna e suas vizinhas cozinhavam na cozinha de verão. Saíamos pelo portão para a rua a fim de descobrir se havia novas versões dos cartazes, e morríamos de medo do que víamos.

Assim passaram julho e agosto de 1941. No primeiro dia de setembro as aulas começaram. Génia continuou na escola perto da casa dele, mas eu fui para uma nova, próxima à Quinta Linha, onde Vládik estudava e tia Fânya era professora. Em setembro começou a esfriar e as refeições passaram a ser preparadas na casa de cada morador. Mas nós, depois de voltar da escola, continuávamos a brincar no pátio.

Os alemães se aproximavam cada vez mais. Os bombardeios tornaram-se mais frequentes. A iluminação das ruas era apagada ao primeiro sinal do alarme. De noite, os bondes e os ônibus paravam de circular.

Eu não via mais o movimento das sombras rendadas dançar no teto e nas paredes. As colheitas estavam todas armazenadas nos silos e nos grandes armazéns. As doces beterrabas brancas já tinham sido refinadas nas usinas e virado açúcar em pó grosso ou em pedaços. Dos girassóis as sementes haviam sido retiradas e, sob pressão, transformadas em óleo. Diariamente, trens de composições compridas saíam da cidade, carregados de maquinário pesado, carvão, aço, grãos, açúcar e óleo.

Em meados de outubro, passamos a ouvir explosões que não eram as das bombas. Explodiam as pontes (à exceção da que eu via pela janela), as minas, as fábricas e as usinas. Eu começava a ficar com medo. Naquele mês, Hitler proclamou que a União Soviética tinha sido mortalmente golpeada e, uma vez caída, jamais se levantaria.

Na manhã do dia 28, o pátio ficou repleto de nossos belos soldados, munidos de fuzis, granadas, metralhadoras e lança-foguetes Katyushas. Diziam que os alemães estavam a poucos quilômetros da cidade e que tentariam entrar pela ponte que ficava em frente à casa dos meus avós. Para combatê-los era necessário ocupar uma posição estratégica, que seria o telhado do sobrado no fundo do pátio.

Os invasores seriam alvejados por cima do telhado da casa dos meus avós. Mas, ao subir no telhado para posicionar as metralhadoras, os soldados se depararam com um obstáculo: a copa de uma árvore impedia a visão da ponte. Na frente dos degraus da varanda dos meus avós crescia uma alta e frondosa acácia branca. Os soldados pegaram machados e começaram a derrubá-la. Ao ver aquilo, vovô Túcia dizia chorando:

— Será que alguma coisa vai acontecer ao meu neto?

E todos, reunidos ao redor dele, choravam também, porque conheciam o significado daquela árvore. Quando Génia nasceu, vovô Túcia plantou uma mudinha em frente aos degraus da soleira da varanda. Queria que o crescimento dela acompanhasse o do neto. Em sete anos, a pequena muda se transformara numa árvore frondosa, com delicadas folhas rendadas de um verde clarinho.

No verão, as flores pendiam em cachos brancos muito perfumados. O delicioso aroma da acácia se espalhava por todo o pátio e suavizava os diversos cheiros que vinham da cozinha de verão. Nós, as crianças, pegávamos os cachos e os comíamos. Flor por flor. Eram adocicadas e tinham o sabor do seu aroma.

Naquele dia, ninguém foi trabalhar nem eu fui à escola. Diante de toda a movimentação de preparativos militares para o combate, os adultos resolveram sair da esperada linha de fogo cruzado e se refugiar em outro lugar. Já que a invasão ia se dar pela ponte, fomos para a casa de amigos dos meus avós que moravam no lado oposto da cidade.

Àquela altura, bondes e ônibus não circulavam. Fomos a pé. Vovô Túcia, vovó Anna, tia Larissa, mamãe, eu e Ludmila. Papai estava em Kalínovka. No caminho, ninguém falava. Vovô Túcia carregava minha irmã no colo. Eu me arrastava atrás dos adultos, não ousava piar, quanto mais reclamar de cansaço. As ruas estavam vazias e silenciosas. Demoramos a chegar. Stálino era uma cidade grande.

Fomos recebidos pelos donos da casa com beijos e abraços, mas sem palavras. Em silêncio, todos descemos para o porão. Era um lugar grande, iluminado por duas janelinhas na altura da calçada. Tinha uma mesinha no meio e várias cadeiras. Em cima da mesinha estava fumegando um reluzente samovar.

Todos tinham um samovar em casa, pois os russos e os ucranianos consomem mais chá do que os brasileiros bebem cafezinho. O samovar é um grande recipiente cilíndrico ou bojudo com duas alças e uma torneirinha na base. Geralmente é feito de cobre, mas existem também alguns feitos de prata. Um tubo metálico, cheio de carvão em brasa para ferver a água circundante, o atravessa verticalmente no meio. Uma pequena chaminé é colocada por cima do tubo. Fervida a água, apaga-se o fogo, retira-se a chaminé e, no lugar, um bule é colocado para que o ar quente do tubo o mantenha aquecido.

Um concentrado de chá é feito no bule. O chá é servido diluindo o concentrado com a água fervente do samovar, geralmente na proporção de dez partes de água para uma do concentrado. Os homens costumam beber do copo, colocado dentro de um porta-copos com alça, e as mulheres se servem nas xícaras. O açúcar usado é na maioria das vezes em forma de cubinhos. Uns os colocam dentro do chá, outros mordem alguns pedacinhos e o chá se mistura com o açúcar na boca. Chamam essa maneira de beber o chá de "à derramada" e de "à mordida", respectivamente. Beber chá "à mordida" não precisa ser necessariamente com um pedacinho de açúcar. Pode-se usar chocolate, bombom ou geleia, que é colocada num pires pequeno e sorvida com uma colherzinha. Hoje, quase todos têm um samovar elétrico, de aço inoxidável.

Foto 18: Um típico samovar. Na Rússia e na Ucrânia é utensílio indispensável em qualquer residência. As famílias se reúnem ao seu redor para tomar chá

A dona da casa serviu vários copos e xícaras. Sentados naquele porão, todos bebiam o chá em silêncio. Xícara após xícara, copo após copo. As horas passavam e não se ouvia nenhum alarme, tiro, explosão ou grito. O que incomodava era o silêncio esmagador. Dentro e fora do porão. Não se ouvia um som sequer. Eu fechava os olhos e mentalmente repassava as imagens dos alemães nos cartazes. Monstros de cara bestial, peluda, olhos vermelhos e uma boca aberta suja de sangue, que pingava dos longos caninos. Tremia de medo. Pensava: "Será que lançaram gás e todos morreram? E somente nós é que continuamos vivos?"

O silêncio foi quebrado pelo som da porta batendo e passos correndo escada abaixo. Um garoto de aproximadamente 13 anos apareceu no último degrau. Era vizinho dos nossos amigos. Estava ofegante, sujo e molhado de suor. Com olhos esbugalhados, balbuciava palavras incompreensíveis. Deram-lhe água e, depois de recobrar o fôlego, gritou:

— Os alemães tomaram Stálino! A bandeira nazista já está nos prédios da Primeira Linha!

Meus avós decidiram que deveríamos voltar para casa o mais rápido possível. Ela poderia estar sendo saqueada. Como já era de tarde, queriam chegar antes do anoitecer, pois teríamos que ir a pé. Agradeceram a acolhida e despediram-se. Incrédulos e desnorteados, subimos as escadas e saímos para a rua. Dos porões das outras casas emergiam pessoas que se refugiaram para escapar das batalhas. Batalhas que não ocorreram. Todos tinham a mesma expressão atônita nos rostos.

Nossa longa marcha de volta através da cidade começava. As ruas estavam totalmente desertas. Dos 490 mil habitantes de Stálino, 200 mil fugiram para o leste, a maioria judeus. A três quadras de casa, ao chegar à Primeira Linha, ouvimos um grito:

— Halt!

Nosso pequeno grupo foi cercado por soldados alemães, que empunhavam rifles apontados para nós. Enquanto os adultos tentavam explicar nossa presença ali, eu olhava de boca aberta e não conseguia acreditar no que via. Os soldados, todos jovens de 18, 20 anos, eram altos, louros, bonitos, com faces rosadas e... dentes brancos. Perplexa, puxei minha mãe pelo braço e sussurrei:

— Mama, os alemães são pessoas?

Mamãe contou depois como ficou assustada ao ouvir minha pergunta. Temia que os alemães fossem nos matar. Mas, pelo visto, eles não entediam russo e permitiram nossa passagem.

Uma vez perguntei a um amigo alemão, que mora no Rio, como ele imaginava que seriam os ucranianos quando, aos 18 anos, participou da ocupação do país. Descrevi os cartazes soviéticos retratando os alemães e perguntei o que lhe foi dito sobre os russos e os ucranianos, e se havia cartazes análogos sobre os soviéticos na Alemanha e se eles o assustavam. Ele riu e disse que não. Que tal representação dos soviéticos não assustaria as crianças alemãs. Elas conhecem a aparência das pessoas de várias nacionalidades, inclusive a dos russos e dos ucranianos.

Mais uma vez se confirmava para mim a eficácia da Cortina de Ferro. Ao estar totalmente isolados do mundo, sem acesso à informação, ficávamos impossibilitados de fazer comparações. Muito menos podíamos compreender o simbolismo daquelas representações. As crianças e os jovens, facilmente influenciados, acreditavam no que lhes era apresentado. E os mais velhos não ousavam contestar.

Chegamos em casa ao anoitecer. As nuvens estavam avermelhadas como ao pôr do sol. Vovô disse que era o reflexo das chamas dos silos e armazéns incendiados. Não havia luz, porque na véspera a estação elétrica havia sido explodida. O pátio, iluminado por lampiões de fenol que todos os mineiros tinham em casa, estava repleto de soldados alemães. Os vizinhos serravam o tronco da acácia em toras curtas e as empilhavam com os galhos na cozinha de verão. Eles nos disseram que ninguém mais podia sair para a rua depois de escurecer.

A porta da casa estava aberta. Ao entrar na cozinha, vi cinco soldados sentados em torno da mesa, comendo. Uma vela iluminava os rostos jovens e os grandes pedaços de pão, linguiças e queijos. Eram morenos, falavam alto, riam e gesticulavam muito. Levantaram-se à nossa entrada, e um deles correu ao nosso encontro de braços abertos. Abraçou vovó Anna pela cintura, levantou-a do chão e cantou, girando-a no ar:

— Oh, mamma mia! Oh, mamma mia!

Com o dedo indicador bateu no próprio peito e apontou para os outros quatro, repetindo:

— Italiani, italiani, tutti italiani, mamma mia! Andiamo mangiare!

Eram soldados italianos, destacados para vigiar nosso quarteirão. Para nossa grande surpresa, nada dentro da casa fora mexido. Logo eles se levantaram, apontando para nós e para a mesa, dizendo:

— Per voi, per voi.

E foram embora, deixando o pão, a linguiça e o queijo. Não sei onde dormiam, mas sempre havia vários deles na rua, nos pátios e nas nossas casas. Uma vez um soldado trouxe uma galinha viva, escondida por baixo do uniforme, e a deu para vovó:

— Per lei, mamma mia.

Na manhã do dia seguinte, vi vovó sair de casa para matá-la e fazer uma bela canja. Aquela não era a primeira vez que eu presenciava a degola de uma galinha, mas, como sempre, fiquei intrigada com o estrebuchar do seu corpo na tentativa de voar pelo pátio.

Creio que todos os meus familiares ficaram aliviados com o fato de aqueles soldados serem italianos e não alemães. As óperas e as canções populares italianas eram muito apreciadas. Até eu cantava o *Sole Mio* em russo. Eu só não conseguia compreender a presença dos italianos. E, menos ainda, quando depois chegaram os soldados romenos. A guerra não era dos alemães?

Eu tinha 7 anos e nada sabia sobre o Eixo nem o Pacto Tripartite. Aqueles jovens italianos, apesar de fazerem parte do Exército fascista de Mussolini, não negavam sua origem latina — expansiva e ruidosamente afetiva. Mais tarde ouvi os adultos comentarem que foi sorte nossa não serem húngaros os soldados ali no pátio, pois estes tinham fama de agressivos, cruéis e mais fanaticamente nazistas do que os próprios alemães.

Vovó Túcia acendeu o fogão e o samovar, e vovó Anna fez o chá. Serviu sopa para mim e para minha irmã. Comemos e fomos cada uma para seu canto. Deitada no escuro, eu aguçava ao máximo minha audição. Tentava escutar o que se passava por trás da porta fechada. Ouvia vovô sair para o pátio a fim de ajudar na remoção dos restos da acácia. Ouvia vovó se lamentar que, por causa do toque de recolher, não podia ir à casa do tio Tólia nem da tia Anfissa para saber o que fora feito deles. Ouvia tia Liália chorar porque não tinha notícias do noivo, Zhórzh. Ouvia mamãe falar da sua esperança de que papai estivesse vivo. Dormi com essa avalanche de possibilidades de perda das pessoas mais próximas e queridas. Sonhava com os soldados. Os belos soviéticos se misturavam com os alemães dos cartazes e com os que eu vira na Primeira Linha. E com os italianos rodopiando com a vovó e cantando "Oh, mamma mia". E com a acácia sendo derrubada...

Quando acordei no dia seguinte, os adultos estavam na cozinha, sentados em torno da mesa. Tomavam chá servido pela vovó, do samovar ao seu lado. Aos poucos foram chegando tia Anfissa, Génia, tio Tólia, tia Fânya e Vládik. Só faltavam papai e tio Shura. Como papai tinha 38 anos, não fora convocado para o Exército e continuou no seu trabalho até a véspera da ocupação. Naquele dia, os funcionários da sua empresa foram avisados de que todos seriam evacuados. Porém, só eles, sem as famílias. O mesmo foi dito a tio Shura no trabalho. Eu soube depois como ele e tio Shura, não querendo deixar as mulheres e os filhos para o porvir desconhecido, decidiram fugir. Esconderam-se no forro do telhado do nosso prédio em Kalínovka e esperaram o desenrolar dos acontecimentos. Permaneceram deitados por mais de 24 horas e só de tarde conseguiram juntar-se a nós. Com isso assinaram o atestado de traidores da pátria e a condenação à deportação para a Sibéria, ou fuzilamento, pela traição.

A primeira refeição do dia sempre foi considerada, por russos e ucranianos, a mais importante. Tomamos chá com o pão e a linguiça deixados pelos soldados italianos, comemos batata frita com pedacinhos de toucinho e cebola, salada de repolho com tomates e pepinos em salmoura e arenque com batata cozida. Nós, crianças, ainda tomamos um mingau de semolina.

Logo depois do "chá da manhã", os adultos começaram a fazer o inventário do que havia de comestível em casa. A carne, o leite, a manteiga e o açúcar haviam acabado. Tinha ainda um barril de chucrute, pepinos e tomates em salmoura no porão. Nas prateleiras da varanda envidraçada havia batatas, cebolas, alho, algumas espigas de milho secas, abóboras, um pouco de trigo, semolina, garrafas de óleo de girassol, um bom pedaço de toucinho e potes de geleia que vovó preparou no tacho de cobre da cozinha de verão. Eram feitas de frutas frescas. E havia também, pendurados na parede como colares enfiados em barbantes, frutas e cogumelos secos. Eram as provisões que deveriam nos suprir de vitaminas (as frutas) e de proteínas (os cogumelos) durante o inverno. A tradição de preparar um estoque de vitaminas e proteínas para o inverno persiste até hoje. Em menor escala graças aos supermercados cheios de produtos nacionais e importados.

Os adultos fizeram plano de ação e distribuição de tarefas. As mulheres — mamãe e tias Anfissa e Fânya — iriam até os armazéns e os silos que foram incendiados e tentariam trazer o que fosse possível. Vovó iria comigo, Génia e Vládik verificar se a feira diária, instalada num grande galpão fechado perto da praça central, estava funcionando. Eu gostava de acompanhar vovó quando ela comprava leite, ovos, galinha, óleo de girassol, frutas, legumes e alguma coisa gostosa para mim.

Nossa missão seria, em primeiro lugar, comprar o que estava faltando e depois o que vovó achasse necessário. Eu, Génia e Vládik deveríamos ajudar a carregar as compras. Tia Larissa, por causa da saúde precária, e os homens — vovô e tio Tólia — ficariam por precaução em casa com Ludmila. Saímos de casa munidos de sacos e sacolas com vasilhames e garrafas para o leite e o óleo com as inseparáveis *avósikas* nos bolsos.

O pátio estava limpo e vazio. Os restos da acácia jaziam empilhados na cozinha de verão. Um soldado italiano fazia a ronda dos dois pátios. O ar estava impregnado do cheiro de trigo queimado que tomava conta da cidade. Espalhava-se pelas ruas, parques e penetrava em todas as casas.

Os cartazes antigermânicos, que emplastavam todas as paredes e me assustavam tanto até a véspera, haviam desaparecido. Foram substituídos por outros. Escritos em letras bem grandes, em russo, intimavam todos os judeus a se apresentarem para serem registrados e avisavam que os saqueadores seriam executados. Fânya, ao ler a frase sobre os judeus, ficou indignada e declarou que estava grávida e que não ia se apresentar. Enquanto mamãe, tia Anfissa e Fânya seguiram em frente, nós quatro viramos em direção ao mercado, à grande praça perto da Primeira Linha.

Foi lá que vi os dois saqueadores enforcados. No mercado coberto, atrás das longas mesas de madeira, mulheres de lenço na cabeça mostravam o que tinham a oferecer. Tivemos que abrir o caminho às cotoveladas para transpor a parede formada pela multidão e chegar à mesa de laticínios. Vovó conseguiu alguns litros de creme de leite e deu logo um copo para cada um de nós beber. Conseguiu também uns quilos de toucinho, banha, açúcar, farinha, semolina, uns litros de óleo de girassol e grandes pedaços de sabão. Levou horas a luta livre pela disputa daqueles tesouros.

Vovó "pegava" o que estavam "dando", colocava o "conseguido" nas bolsas e *avósikas* e as distribuía entre nós. E parou apenas quando não havia mais dinheiro. O barulho das vozes dentro do mercado e o constante empurra-empurra produziram dois efeitos em mim: esqueci os homens enforcados e parei de tremer. Sair foi mais fácil do que entrar. Tagarelando animadamente, saímos pela porta oposta à da entrada, carregados de preciosidades "conseguidas". Voltamos por um caminho diferente do da vinda e assim evitamos o reencontro com os enforcados. Sábia vovó!

Esperei até chegar em casa para perguntar sobre os dois homens pendurados. Mamãe me explicou o significado das palavras "saqueador" e "pilhagem" e disse que o castigo que os alemães davam a esses atos era o enforcamento, mas que ela não saberia dizer se as pessoas, depois de enforcadas, estrebuchavam ou não. Compreendi e resolvi que eu nunca iria saquear nem pilhar.

★ ★ ★

Quando chegamos em casa descobrimos que mamãe e minhas tias tiveram menos sorte. Passaram o dia catando grãos de trigo nos armazéns incendiados. Contaram que os depósitos ainda fumegavam. A maior parte do trigo tinha virado brasa ou pó. Os homens cavavam com pás os grãos intactos e os jogavam na calçada. Mulheres e crianças catavam o trigo mais inteiro — o que não virava pó ao simples toque — e com ele forravam os sacos. Mamãe e minhas tias trouxeram para casa três grandes sacos de grãos pretos. E foi com eles, depois de socados em farinha grossa, que vovó e mamãe assavam nosso pão preto durante todo o inverno de 1941 para 1942. O pão parecia carvão, mas carvão é brilhoso e não fede, ao passo que aquele pão era fosco, de gosto muito ruim, e seu cheiro me dava náuseas.

No início dos anos 1960, a Via Dutra ainda tinha uma única pista de mão dupla. Num dia quente de verão, quando eu e minha família voltávamos de carro de São Paulo para o Rio, passamos por uma neblina cinza-azulada. Comentei sobre o absurdo das queimadas e da fumaça nas estradas. De repente, comecei a chorar e ter ânsias de vômito. Não sabia por quê. Alguns quilômetros adiante, vi uma carreta tombada em chamas, e uma densa fumaça subia da carga derramada. Era trigo.

Quando entrei na sala, vi papai sentado no sofá com Ludmila no colo, abraçando mamãe. A imensa felicidade que senti ao vê-lo se transformou numa alegria ruidosa depois que soube que ele ficaria morando conosco, na casa do vovô Túcia. Passaria a dormir no quartinho sem janelas e cheio de livros, com mamãe e Ludmila. À noite, todos os familiares estavam de novo reunidos. Durante o jantar, iluminados pela única vela no centro da mesa, comíamos num quase silêncio pouco usual.

A portinhola da boca do fogão estava aberta, e o reflexo das labaredas avermelhadas tingia de um tom bronzeado o rosto de quem estava sentado à sua frente. Os outros rostos continuavam pálidos. As sombras dos nossos corpos eram projetadas nas paredes e tremulavam. Parecia uma *Última Ceia* fantasmagórica. Os meninos foram jogar damas, mamãe levou Ludmila para dormir e eu fiquei sentada, quietinha, quietinha, torcendo para ninguém perceber minha presença. Em voz baixa, os adultos confabulavam e eu queria saber o quê.

Captei, através dos fragmentos das frases, que o centro das preocupações eram Fânya e Vládik. A recusa dela de ir ao registro dos judeus era definitiva. Diante de reações quase histéricas dela, tio Tólia disse que tentaria lhe arranjar um passaporte falso grego. Temendo consequências negativas para sua gravidez, pararam de insistir que ela se registrasse. Em seguida, passaram a programar a divisão dos alimentos e como fazê-los render o máximo. Diziam que éramos muitos, estávamos no outono, o inverno seria longo e ninguém sabia o que viria em seguida. Foi acordado que ninguém pegaria mais que um cubinho de açúcar por xícara ou copo de chá. Papai disse para pouparem carvão. As reservas tinham sido evacuadas, as minas explodidas ou inundadas e não haveria possibilidade de novas extrações até a primavera. Resolveram fazer no dia seguinte a divisão do carvão, que estava no depósito ao lado da cozinha de verão, entre as três casas do pátio.

Instalou-se uma nova rotina. Tia Anfissa trazia Génia de manhã e ia trabalhar no hospital. Os homens — papai, tio Tólia e tio Shura — iam trabalhar na restauração das minas, das estradas de ferro, das centrais elétricas e das pontes. Com isso, acrescentaram à sua reputação de traidores da pátria o rótulo de colaboradores dos alemães. Aos poucos, papai trazia de Kalínovka nossas coisas: roupas, livros e pequenos objetos. Os móveis tiveram que ser deixados para trás. A casa do vovô ficou abarrotada, não cabia mais nada.

Tia Fânya acabou não se apresentando ao registro dos judeus e vinha toda manhã com Vládik. A barriga dela estava imensa e vovó não a deixava fazer o trabalho pesado, que cabia à mamãe e ao vovô. As mulheres se revezavam na cozinha e, quando saíam à cata de algum alimento no mercado, levavam uma das crianças. As escolas continuavam fechadas. Como tia Fânya era professora, organizou aulas para nós e passava deveres de casa. Tia Larissa se ocupava de Ludmila e da nossa leitura. Durante os "recreios", brincávamos no pátio ou saíamos do portão para observar o movimento dos soldados alemães, italianos e romenos fazendo ronda na rua.

Era vital que todos estivessem em casa antes do escurecer, especialmente aqueles que não moravam com meus avós. Senão, não daria tempo de jantar e voltar para casa. Quando tia Anfissa e tio Shura percebiam que o tempo seria curto, Génia ficava para dormir conosco e eles iam direto para casa. Eu adorava. Para tio Tólia era mais fácil, a casa dele ficava perto. Ele jantava e saía com tia Fânya e Vládik, andavam uma quadra, viravam a esquina, atravessavam a rua e estavam em casa. À noite, papai contava histórias para nós e relatávamos para ele o que havíamos feito durante o dia. Na manhã seguinte começava tudo de novo.

Na medida do possível, dávamos um jeito de sair do portão e ficar na calçada esperando uma coluna de prisioneiros de guerra passar. Eles eram levados ao longo da nossa rua em direção à ponte, para fora da cidade. Iam cabisbaixos, ladeados por soldados alemães com cães pastores. Nós gritávamos:

— Vocês conhecem o Zhórzh? Ele está vivo? Diga para ele que a Liália espera notícias!

Alguns chegavam a sorrir da nossa ingenuidade. Outros balançavam a cabeça e pareciam chorar.

Havia chegado novembro, mês do meu aniversário. Nasci na véspera do Sete de Novembro, quando é comemorada a Revolução de Outubro, data mais importante na União Soviética. Festejava-se durante três dias, com desfiles e fogos de artifício, e eu me sentia eleita pelo destino. Fantasiava que todas aquelas comemorações eram para mim. Mamãe nasceu em 1º de maio, Dia Internacional do Trabalho, a segunda data mais importante e também festejada por três dias. O aniversário de papai, 8 de março, Dia Internacional da Mulher, também era muito festejado. Eu achava minha família privilegiada por essas coincidências.

Eu completaria 8 anos, mas, pela primeira vez, sem a grande festa a que estava acostumada. Naquele dia 6, em vez dos fogos de artifício, havia uma trêmula luz de vela e as brasas do fogão. Fui compensada com muitos beijos e abraços, cubinhos de açúcar extras e um pão de mel que vovó fez de surpresa para mim.

Em 24 de novembro, Hermann Goering, segundo no comando de Hitler, disse: "Este ano, entre 20 e 30 milhões vão morrer de fome na Ucrânia e na Rússia. Talvez será melhor assim, pois certas nações têm que ser dizimadas."

Os alemães prepararam uma cilada para os ingênuos ucranianos. Nas paredes da cidade apareceram cartazes coloridos que convidavam a população a ir trabalhar na Alemanha. Mostravam ambientes atrativos, pessoas bonitas e sorridentes trabalhando. Alguns exibiam o trabalho em casas de família. Outros, nas plantações ou nas fábricas. Prometiam um contrato de um ano e bom pagamento.

Aos milhares, jovens faziam filas nos postos de recrutamento, a maioria mulheres. Assinavam o contrato, entregavam o passaporte soviético — que supostamente seria devolvido após o término do contrato —, recebiam em troca um documento alemão e partiam nos intermináveis trens de gado. Sem saberem que, na realidade, iam voluntariamente para campos de concentração de trabalhos forçados. Sem volta prevista.

Quase todos os jovens e alegres soldados, italianos e romenos, foram substituídos por alemães mais velhos e carrancudos. Os que chegaram, grossos e assustadores, eram militares da administração, da SS, a tropa de elite do Partido Nazista e da Feldpolizei, a polícia militar secreta. Muitos deles, em vez de uniforme verde, vestiam azul, marrom e casacos de couro. Os oficiais da SS tinham uniforme preto com uma caveira branca bordada na boina. Não sorriam, não cantavam; só davam ordens ríspidas às quais ninguém tinha coragem de desobedecer. Foi decretado um novo estado de sítio, com horários bem mais rígidos do que os anteriores. Limitaram ainda mais a permanência das pessoas nas ruas.

Costumávamos brincar no pátio com outras crianças. De amarelinha, de esconde-esconde, de pique, de bola. Certa tarde, depois do toque de recolher, a bola de uma menina de 6 anos passou por baixo do portão e foi parar na rua. Ela abriu o portão e correu pela calçada atrás da bola. Ouvimos um grito de "Halt!" e depois um tiro.

Os adultos saíram correndo das casas, aglomeraram-se ao lado do portão, mas não ousaram atravessá-lo. Um soldado alemão apareceu na abertura do portão com a menina ensanguentada nos braços. Entregou-a aos adultos e, sem dizer uma palavra sequer, saiu batendo o portão atrás de si. A menina não morreu, mas foi ferida na coxa. Tia Anfissa a levou para nossa casa, retirou a bala e fez a bandagem. Depois disso, fomos proibidos de jogar bola no pátio.

Não se tinham notícias de Zhórzh. As colunas dos prisioneiros de guerra passando na nossa frente tornavam-se frequentes. O aspecto deles era cada vez mais deplorável, e qualquer comunicação foi proibida. Os adultos não os abordavam, mas nós crianças continuávamos gritando:

— Vocês conhecem o Zhórzh?

Com novembro vieram as chuvas, a lama, as geadas e as primeiras neves. Os judeus cadastrados foram encaminhados para a reconstrução da cidade. Trabalhavam em grupos, vigiados por soldados alemães, e usavam no braço esquerdo uma braçadeira branca com uma grande estrela amarela de seis pontas. Consertavam as ruas, preenchiam os buracos, recolocavam os paralelepípedos, desentupiam os bueiros e limpavam as calçadas. Era o que eu via na frente da nossa casa ou quando acompanhava vovó ao mercado. Um dia, quando tia Fânya chegava com Vládik, alguém do grupo a reconheceu e gritou seu nome.

— Fânya, que barrigão!

Ela acenou e entrou logo no portão. Um soldado a seguiu, perguntou onde ela morava e pediu seus documentos. Fânya lhe entregou o falso documento grego que tio Tólia tinha conseguido. Desde que os alemães haviam entrado na cidade, com frequência verificavam os passaportes dos moradores. Aquele soldado provavelmente sabia diferenciar o autêntico do falso. Ele pegou o de Fânya, leu com demora e muita atenção, dobrou-o, botou no bolso e foi embora. Mas antes de sair avisou à minha família que qualquer tentativa de acobertar ou ajudar os judeus seria punida com pena de morte.

Na manhã seguinte, tão logo foi permitido sair às ruas, quando todos se preparavam para começar a rotina diária, tia Fânya entrou em casa correndo, arrastando Vládik. Em prantos, contou que na noite anterior dois Feldpolizei entraram na casa de tio Tólia e o prenderam. Não deram nenhuma explicação, simplesmente o levaram. Mas, para espanto geral, não fizeram nada a tia Fânya nem a Vládik. Ela implorou que meus avós ficassem com Vládik. Ao redor da mesa, os adultos discutiam sobre o acontecido, buscando soluções. Apesar dos apelos de tia Fânya, todos achavam que ali não era um lugar seguro para ele, que para proteger sua vida seria melhor levá-lo para longe, onde ninguém soubesse de quem ele era filho.

Diante dos argumentos, tia Fânya concordou. Decidiram que Vládik ficaria com uns amigos de infância de meu avô, que tinha certeza de que o acolheriam. Eles moravam nos arredores da cidade, num povoado de mineiros, e vovó o levaria no dia seguinte. Por ser uma caminhada de 20 quilômetros, ela teria que pernoitar lá. "Bom para Vládik, que não precisará passar sozinho a primeira noite com os desconhecidos", pensei. Já tia Fânya deveria voltar no dia seguinte, ficar em casa e sair o mínimo possível. Sobretudo por estar sem os documentos. Asseguraram-lhe que, mesmo pondo nossas vidas em risco, achariam um meio de estar diariamente em contato com ela.

Naquela noite, dormi na cama de meus avós. Tia Fânya, abraçada a Vládik, passou a noite chorando baixinho no meu sofá. Eu me agarrava a meus avós e pensava: "Que bom que não sou eu a ser levada para longe."

De manhã, vi o rosto inchado de tia Fânya enquanto ela arrumava Vládik. Das duas frestas em que se transformaram seus olhos escorriam mansos filetes de lágrimas que encharcavam seu colo e a barriga. Ele estava se agarrando à mãe, cada vez com mais força, até que ela conseguiu se libertar do seu abraço e o entregar à vovó. A despedida do assustado Vládik se deu em silêncio, só com beijos.

Era a segunda despedida coletiva à qual eu assistia. Só que, ao contrário da de Zhórzh, ninguém saiu à rua para acenar para Vládik com lenços brancos. Em vez do usual chapéu, vovó colocou um lenço de lã cinza na cabeça, escondeu um grande pedaço de toucinho embaixo do casacão, distribuiu punhados de cubinhos de açúcar pelos bolsos e, levando Vládik pela mão, discretamente saiu pelo portão. Mas, assim como na partida de Zhórzh, todos os que ficaram em casa se abraçaram e choraram.

Vovó voltou no dia seguinte. Mandaram-me à casa de tia Fânya para dar notícias de Vládik. Quando entrei, ela correu ao meu encontro e, ao lhe contar que o filho estava bem e em segurança, ela me abraçou e não parou de chorar. Ao me abraçar ela apertava sua imensa barriga contra meu rosto, e eu só pensava em sair dali o mais rápido possível.

Daquele dia em diante, fomos proibidos de falar sobre Vládik. Em casa ou fora. Obedecemos. Eu ia diariamente levar comida para tia Fânya. E, todas as vezes que ela me abraçava e chorava, eu sentia sua barriga estufar e mexer. Mas ela não mencionava o nome do filho e, com o transcorrer dos dias cada vez mais difíceis, acabei me esquecendo de Vládik e de tio Tólia.

O inverno de 1941-42, o mais frio do século, se instalara com toda a sua fúria. A temperatura caiu abaixo dos 40 graus negativos. As constantes nevascas e os ventos irrefreáveis aumentavam a sensação de frio. A água que abastecia a cidade congelara e os canos estouraram. O estoque de comida estava chegando ao fim. Acabaram o açúcar e os legumes em salmoura. E também não havia mais velas. Para iluminar o ambiente embebiam em óleo uma mecha torcida de algodão (ou um barbante) e a colocavam num pires, cheio de óleo de girassol, com a ponta para fora. Acesa, a ponta produzia a luz de uma lamparina de igreja. Mas era melhor do que ficar no breu.

O mercado estava vazio e fechado. Ninguém tinha comida e quem tinha não a vendia, guardava para si. As mulheres saíam à cata de algo comestível. Munida de pá, picareta e sacos vazios, mamãe ia para fora da cidade, para os campos, onde no verão ficavam as plantações de batatas. Cavava a neve até encontrar a terra e, com a picareta, despedaçava e revirava o solo congelado à procura das batatas que haviam escapado às máquinas coletoras no outono. Enchia os sacos e, vergando sob seu peso, se arrastava para casa. Quando entrava, era uma alegria só. Ria e brincava, dizia que íamos ter banquetes. Só que aquele "banquete" era a coisa mais horrível e indigesta que eu já comi: batatas congeladas cozidas, acompanhadas de pão preto de trigo queimado. Sinto enjoo só em pensar no cheiro e no gosto daquelas batatas. Elas ficavam gelatinosas, gosmentas, adocicadas e com um gosto nauseante de podre. O que salvava eram os arenques em salmoura, dos quais vovó tinha um barril cheio.

Não sei se foi por causa das batatas congeladas e do pão de trigo queimado, se pela quantidade de arenques que eu comia, ou se por outro motivo qualquer, o fato é que passei a ter sangramento nas gengivas e dores nas articulações. Tia Anfissa fez o diagnóstico: escorbuto. Transferiram-me para o quartinho dos livros, onde passei a dormir com mamãe. Papai foi dormir com Ludmila no meu sofá. Eu sentia fortes dores e me assustava quando passava a língua no lugar onde deveria tocar a gengiva e encontrava as raízes dos dentes.

Tia Anfissa se culpava por não ter roubado vitamina C do hospital antes que os alemães confiscassem todo o estoque. Faziam-me comer chucrute e pepinos em salmoura, mas o sal queimava minha boca e passei a ter dores no estomago e vômitos. Os dias na escuridão se confundiam com as noites. Mamãe estava sempre comigo. Às vezes, iluminava o quartinho com a mecha acesa no pires com óleo, e então eu via seu rosto sorridente. Isto me dava força e confiança. "Eu vou ficar boa", pensava.

Mas boa mesmo só fiquei depois que um jovem soldado alemão, ao patrulhar nosso pátio, soube que eu estava com escorbuto. Às escondidas, passou a trazer dezenas de grandes e suculentos limões, os que aqui no Brasil são conhecidos como sicilianos. Trazia-os enfiados nos bolsos do uniforme. Provavelmente ele os roubava da sua cantina e corria o risco de ser preso e punido. Mamãe cortava os limões e espremia o suco diretamente na minha boca ferida.

Quando os limões acabavam, lá vinha meu alemão salvador com uma nova leva. Ouvi mamãe comentar com tia Anfissa que não era a nacionalidade, mas a índole, que definia um ser humano. Mamãe fervia as cascas, eu as mastigava e bebia o líquido. E logo — não sei exatamente em quanto tempo — fiquei boa. Talvez seja por isso que até hoje eu goste de tudo que é ácido e tenha prazer em mastigar as cascas cruas do limão-siciliano. Um dia, já adulta, perguntei à minha mãe se o escorbuto era uma doença contagiosa e se a claridade afetava os olhos dos doentes. Diante da sua resposta negativa, perguntei:

— Então, por que ninguém me visitava quando eu estava com escorbuto?

— Porque suas gengivas estavam apodrecendo e ninguém aguentava o cheiro de decomposição.

— E por que eu tinha que ficar no escuro?

— Porque aquele quartinho não tinha janela, luz elétrica ou qualquer ventilação.

Raramente vi minha mãe se queixar ou se lamentar. E ela sempre dava um jeito de nos atender quando solicitávamos sua atenção. Nunca a vi dizer que não tinha tempo para nós. Ao longo de todo o tempo que passei junto à mamãe, não me lembro de a ter visto desgrenhada, desarrumada ou sem um batonzinho nos lábios, sempre sorridentes. Tinha uma linda voz e cantava canções ucranianas como ninguém. Ela sempre fez todo o serviço doméstico: lavava, passava, cozinhava... de preferência à noite, quando todos dormiam. Mas de manhã aparecia irradiando otimismo. Suas recomendações eram verdadeiramente antológicas:

— Filhinha, acorde sempre de bom humor e diga sorrindo: "Bom dia, dia!" Cinco minutos depois, alguém ou algo pode estragar seu bom humor, mas aí a culpa já não será sua.

Ou:

— Filhinha, ao acordar, nunca saia do quarto de camisola ou desarrumada. Não deixe ninguém ver você assim, nem a empregada.

Muitas vezes ouvi dela:

— Filhinha, ao andar na rua, não olhe para o chão; olhe para o céu. Olhar para baixo, só se precisar procurar batatas; olhar para cima é querer encontrar ideias novas.

E outra:

— Nunca barateie suas emoções nem seus sentimentos. Só os divida com quem for digno deles.

O problema com a água era resolvido de maneira prática. Para o banho e para lavar a roupa, a louça e os cabelos, derretia-se a neve. Aliás, para lavar os cabelos, mamãe sempre usou no inverno a água da neve derretida. Os cabelos lavados com a água encanada, que continha muitos minerais, tinham que ser enxaguados com vinagre. Já a água da neve derretida era suave e dava brilho aos cabelos.

Para cozinhar e beber, a água tinha que ser trazida do açude que era alcançado através da praça, nos fundos do Jardim da Cidade. Formando uma longa fileira, as mulheres carregavam uma canga de cujas pontas pendiam dois baldes, e as crianças, com caçarolas ou chaleiras nas mãos, subiam e desciam a picada que levava às margens do açude congelado. Através de grandes buracos, perfurados no gelo, tiravam a água e enchiam os recipientes. A descida para mim até que era divertida. Eu sentava na neve e deslizava até a beira. Mas a volta era um suplício. Além de ser penoso subir com o peso dos recipientes, tinha que ter muito cuidado para não escorregar nem cair e derramar o precioso líquido.

Com o açúcar em falta, adoçávamos o chá com a sacarina que papai arrumou não sei onde. Quando a sacarina acabou, passamos a pingar gotas de glicerina que tia Anfissa trazia às escondidas do hospital. Ela dizia que pouca quantidade não faria mal à saúde, mas enganaria nosso paladar.

Certa vez, um soldado alemão me deu um grande pedaço de açúcar. Não disse a ninguém e o escondi de todos na estante de livros, atrás do terceiro volume de *Guerra e Paz,* de Tolstoi. Quando tinha certeza de que ninguém estava vendo, ia até a prateleira, tirava o livro, pegava o torrão, dava duas ou três lambidas e o guardava de volta. Dizia para mim mesma que eu estava tomando o chá "à lambida". Desta forma, aquele meu tesouro durou muito, muito tempo. E ninguém soube. Só eu.

★ ★ ★

Em dezembro tio Tólia continuava sumido. Se estava preso ou havia sido deportado, ninguém sabia dizer. A gravidez de tia Fânya avançava. Ela não vinha mais à casa dos meus avós e tinha medo de sair na rua. O único contato dela com o mundo exterior era através das visitas diárias minhas ou de Génia. Os adultos não ousavam transgredir as ordens de "é proibido acobertar judeus".

Uma criança andando na rua com um balde de água na mão chamava menos a atenção da Feldpolizei do que um adulto. Vovó preparava uma marmita com sopa de batatas congeladas e um pedaço de pão preto e nós a levávamos escondida, por dentro do casacão. Eu me sentia muito importante em executar as tarefas que os adultos não podiam fazer. Eu morria de medo e, para driblá-lo, me imaginava ser a própria Chapeuzinho Vermelho. Só que a situação era invertida. Era a vovozinha quem preparava a cestinha para a filha/nora e eu, a netinha, levava a comida, escondendo a marmita do lobo mau.

O carvão de tia Fânya havia acabado e ela ficava sempre vestida, deitada embaixo do edredom. Houve dias em que a superfície dos móveis de sua casa pareciam cobertos de talco. Era a geada. As camadas de gelo nos vidros da janela, apesar de parecerem lindas flores, escureciam o quarto e o transformavam em penumbra mesmo durante o dia. Acho que David Lean, ao filmar *Dr. Jivago*, tinha visto o quarto de tia Fânya, lembrou-se dele e o transpôs para a casa do médico na Sibéria.

Um dia, ao entrar na casa de tia Fânya, ouvi um choro fraco de bebê. Ela tinha dado à luz naquela noite e estava deitada, coberta pelos edredons. Ao lado da cama havia uma montanha de lençóis e toalhas, negras do sangue congelado. Pediu que eu as levasse para o outro cômodo. Tentei levantar a grande trouxa do chão, mas, congelada, era dura e difícil de carregar. Peguei uma das pontas e a puxei como um trenó. Quando voltei, ela agradeceu e disse:

— Vem ver seu novo priminho. Estou dando de mamar ao meu pequeno.

Ela sorriu e levantou uma das pontas do edredom. Senti uma baforada de um odor indescritivelmente ruim. Com horror, vi um corpinho roxo acoplado ao seu mamilo. O seio de tia Fânya parecia uma fronha esticada. Enquanto o bebê tentava mamar, ela gemia e fazia caretas de dor.

— Não tenha medo não, Íratchka — ela me disse. — Até a primavera ele vai engordar e no verão você vai poder brincar com ele.

Perguntei qual era o nome do bebê e ela respondeu:

— Enquanto seu tio Tólia não voltar, vou chamá-lo de "meu pequeno". É o pai quem tem que dar o nome ao filho.

Ao chegar em casa contei sobre meu novo priminho, e vovó disse que dali em diante a sopa de tia Fânya teria que ser reforçada. Nos dias seguintes, ao levar a marmita incrementada com pedaços de toucinho, sempre via o mesmo cenário: móveis cobertos pela geada e o bebê sugando o seio vazio. Mas em condições cada vez piores.

Até o dia em que vovó disse para eu não levar mais a marmita a tia Fânya. Disse simplesmente que não era mais preciso. Ela não explicou o porquê nem eu perguntei. Fiquei até aliviada de não precisar mais levar a sopa escondida por baixo do casacão, tremendo de medo que um Feldpolizei gritasse "Halt!", me revistasse e descobrisse que eu estava transgredindo o *verboten*, o tão temeroso "proibido", e também de não ter que ver o esquálido corpinho roxo do meu primo nem ouvir os gemidos de tia Fânya.

Eu não me lembrava de ter visto um bebê mamar antes. Quando minha irmã nasceu, eu tinha 4 anos e, conforme os relatos de minha mãe, sempre ficava do lado dela nas horas de mamada. Colocava minha cabeça nos joelhos de mamãe e dizia, acariciando Ludmila:

— Que bonitinha é minha irmãzinha.

E ela, invariavelmente, começava a chorar. Mamãe percebeu que em vez de acariciá-la eu a beliscava. Estas lembranças eu reprimi e, portanto, o bebê de tia Fânya foi para mim o primeiro a mamar na minha presença. Por muitos anos, a palavra "mamar" evocava a cena do quarto congelado e dos gemidos de dor. Ao dar meu seio pela primeira vez à minha filha, bem no fundo, dentro de mim, eu esperava e temia sentir aquela dor que via estampada no rosto de tia Fânya.

Mais tarde soube o que realmente acontecera, o porquê de eu não precisar mais levar a marmita à casa dela. Os alemães deixaram tia Fânya levar a gravidez a termo. Mas obrigaram-na a ficar sozinha em casa. Deixaram-na parir. Mas sozinha. Deixaram-na tentar amamentar o bebê por alguns dias. Mas, subnutrida, ela não tinha leite. Até que um dia levaram os dois, ela e a criança, até uma das minas. Fazia quarenta graus negativos. Despiram os dois e os empurram para dentro da mina. Tia Fânya e o "pequeno" dela, meu priminho sem nome. Não sei se eles foram empurrados ainda vivos ou se foram fuzilados antes.

Nunca mais se falou em tia Fânya em minha presença e, até nossa deportação para os campos de concentração em 1943, não tivemos qualquer notícia de tio Tólia ou de Zhórzh.

Hoje sei que Vládik sobreviveu à ocupação, mas seu destino posterior eu ignoro. Tio Tólia retornou para Stálino após o fim da guerra. Já Zhórzh participou da tomada de Berlim. Com alta patente no Exército, acabou se casando com tia Larissa.

Capítulo 6

O réveillon de 1942 passou em brancas nuvens. Ou melhor, em brancas neves. Ou melhor ainda, em branco. Não teve o pinheiro de ano-novo, o Vovô Geada e os presentes. Os dias curtos e as noites longas se arrastavam numa rotina tediosa. Para quebrá-la, eu me refugiava cada vez mais nos livros. De dia, lia o que tia Larissa separava para mim e para Génia.

Foi nessa época que ela nos apresentou a Júlio Verne. Antes da guerra, eu vira em Stálino o filme *Os Filhos do Capitão Grant* e gostei tanto que meus pais me levaram várias vezes para revê-lo. No filme, havia uma canção para o jovem capitão que todos cantavam, eu inclusive. E não é difícil adivinhar qual o primeiro livro da Coleção Júlio Verne que eu quis ler. Aos poucos, um livro atrás do outro era lido, até o último volume. De noite, eu contava para papai o que tinha lido, e ele me contava alguma história nova. Ele logo me apresentou a Jack London.

Mamãe saía à cata dos restos de batatas, beterrabas, nabos, cenouras ou o que mais conseguisse achar embaixo da terra congelada. Os campos nas proximidades já haviam sido revirados e peneirados pela população da cidade. Por mais que a neve caísse, as pessoas retiravam, marretavam, escavavam e reviravam a terra. Mamãe ia com pá e picareta cada vez para mais longe. Demorava a voltar e trazia sacos cada vez mais leves.

De dia, saíamos do portão para observar os comboios dos prisioneiros de guerra passar em frente à nossa casa. Continuávamos a gritar, perguntando por Zhórzh, mas eles olhavam para frente ou para baixo.

Ninguém olhava para nós. Sujos e barbados, iam a passo lento, quase se arrastando. Alguns mancavam e se apoiavam nos ombros dos companheiros. Suas roupas eram farrapos. De algumas botas apareciam os forros, feitos de jornal ou feno. O aspecto deles contrastava gritantemente com o de sua escolta. Bem nutridos, barbeados e com bons uniformes e calçados, os soldados alemães às vezes nos mandavam calar a boca. Nós, as malditas crianças do leste. "Maul halten, ihr verpfluchte Ost!" E então, como cachorros surrados que enfiam os rabinhos entre as pernas e fogem dos agressores, nós nos encolhíamos e voltávamos para trás do portão. Não contávamos a ninguém sobre as broncas recebidas por medo de sermos proibidos de sair sozinhos.

Todos os homens da minha família eram fumantes. Mas não havia cigarros. O fumo era escasso e muito caro. O tabaco era considerado supérfluo pelas mulheres, mas os homens se queixavam da falta. Um dos nossos passatempos favoritos era catar as guimbas na calçada da Quinta Linha. Os soldados alemães jogavam a guimba no chão. Observávamos onde ela tinha caído e corríamos para pegá-la tão logo o soldado se afastava. Isto tinha que ser feito com rapidez e destreza, pois não éramos os únicos a caçar as guimbas. Outras crianças e até mesmo os adultos estavam de olho no tesouro descartado. Em casa, abríamos os restos mortais daquilo que um dia fora um cigarro, tirávamos o fumo remanescente e despejávamos num copo. Quando ficava cheio, promovíamos uma solenidade de entrega. Reuníamos toda a família e, sob muitos aplausos, presenteávamos nossos homens com o fumo.

À noite, ao redor da mesa e à luz da mecha de algodão, os adultos trocavam as experiências vividas durante o dia. O que mais me impressionava eram os relatos sobre os corpos congelados de prisioneiros de guerra espalhados ao longo das estradas e nos campos nevados. Alguns estavam cobertos de neve e se confundiam com as ondulações da estepe. Mamãe contou que somente quando tropeçou num obstáculo na neve fofa e caiu foi que percebeu que se tratava de um corpo. Os outros disseram que isso não aconteceria caso tivesse um braço duro levantado ou um pé congelado projetando-se da neve.

Contavam que os corpos eram de prisioneiros de guerra que não podiam mais andar. Eles eram fuzilados e deixados para trás, no mesmo lugar onde caíam. Alguns, quando não eram feridos mortalmente, congelavam. Os adultos diziam ainda como procuravam limpar o rosto de cada corpo encontrado, removendo a neve para ver se era alguém conhecido, e o misto de pesar e alívio que sentiam quando se tratava de um estranho. Deixavam-nos de rosto descoberto, na esperança de que outra pessoa pudesse reconhecê-los, porém as nevascas seguintes logo os encobriam. Eu pensava: "Será que eles temem reconhecer o rosto do Zhórzh ou do tio Tólia?" Mas não ousava perguntar.

Eu gostei tanto das histórias de Jack London — *Chamado Selvagem* e *Caninos Brancos* — que resolvi ler os outros livros dele. *A Filha da Neve* me impressionou. Era possível escapar do congelamento controlando a respiração. Achava que, se eu aprendesse como fazê-lo, estaria preparada para qualquer frio. Eu não sabia como me exercitar. Enchia os pulmões e prendia até ficar vermelha e quase estourar. Vi que não era dessa forma, e as pessoas a quem perguntava como fazê-lo da maneira correta não me davam dicas. Deixei para lá. Papai e mamãe saberiam como me proteger do frio.

Meu pedaço de açúcar foi lambido até seu inglório fim. Não sobrou nada. Fiz mentalmente um "enterro" simbólico do meu torrão e passei alguns dias de luto. As gotas de glicerina na água quente, imitando chá com açúcar, enganavam o paladar, mas não satisfaziam a mente. Certa vez, mamãe, ao procurar batatas, desenterrou umas beterrabas brancas congeladas. Eram as beterrabas doces das quais se faz o açúcar na Europa. Vovó as cozinhou e fez um purê gosmento, mas doce. Foi uma festa. Ela inovou: cortou um resto de beterraba em finas rodelinhas e assou no forno. Viraram "biscoitinhos" duros e escuros, mas eram doces. Enfim pudemos tomar a água quente "à mordida", com algo verdadeiramente doce, e não "à derramada", com as gotas de glicerina.

A capacidade de rir da própria desgraça aliviava a vida. Os adultos contavam às gargalhadas como vários amigos driblavam a falta de açúcar. Um deles dizia que costumava chupar o dedo como se fosse um pirulito. Outro descrevia com minúcias como transformar batata congelada em tortas de creme de baunilha: cozinhe, esfrie, pegue um pequeno pedaço com uma colherzinha, feche os olhos, expire todo o ar e leve o pedaço à boca sem mastigar. Esfregue-o contra o céu da boca, engula, inspire profundamente o ar pelo nariz e expire lentamente pela boca. Repita os procedimentos de respiração duas ou três vezes. Desta forma só é possível perceber o bocado mole, o gosto adocicado, mas não vai sentir o cheiro de podre. E o que é mais importante: de olhos fechados, podia-se imaginar que estava comendo uma torta.

Mas a história que eu achava mais hilariante era a da descrição do chá "à lambida" de uma família sentada em volta da mesa, com uma xícara de água quente na frente de cada um. No meio da mesa, pendurado à lâmpada por um longo barbante, havia um pedaço de açúcar. Dava-se um bom peteleco e ele começava uma trajetória pendular, passando perto dos rostos. Não era permitido tocá-lo com as mãos ou dentes, só com a língua, que dava a continuidade ao movimento. O vencedor seria aquele que conseguisse dar o maior número de lambidas. Ao imaginar a cena, eu ria por dentro e pensava: "Nesse caso, se eu fosse a vencedora, o prêmio seria provavelmente o resto do pedaço de açúcar."

O longo inverno passou arrastado, dando vez à primavera. E com o degelo começaram a aparecer os corpos dos mortos pelas mais variadas razões durante o inverno. Eles logo eram removidos e enterrados em qualquer lugar pela população, antes que entrassem em decomposição. O primeiro corpo que vi surgir da neve me assustou muito. Aos poucos me acostumei. Afinal de contas, "homem não é porco, se acostuma a tudo". Sem saber que a maioria daquelas pessoas não morreu congelada, mas assassinada antes, eu não conseguia entender por que eles não lutavam contra o congelamento. E logo em seguida eu deduzia: "Vai ver que eles não leram *A Filha da Neve*."

Eu comparava a morte por congelamento da *Menina dos Fósforos*, de Hans Christian Andersen, com a luta contra o congelamento da linda mulher de *A Filha da Neve*. Uma ficou imóvel e passivamente se deixou levar para a morte, num doce sonho de felicidade. A outra também ficou imóvel e deixou de falar para não dispersar energia; mantinha baixa a pressão através do controle da circulação; e, feito um urso que hiberna, lutou contra o congelamento. Eu sempre pensava: "Se um dia tiver que enfrentar o congelamento, ficarei imóvel, respirarei lentamente, não falarei, e, como um urso, entrarei em hibernação para acordar na primavera."

A 20 quilômetros de Stálino havia uma mina de carvão chamada Guigánt, que fora desativada durante a retirada do Exército soviético. Na primavera de 1941, papai dizia que tinha que fazer a mina funcionar e produzir o máximo de carvão. Comentava ainda que se o inverno seguinte fosse igual ao anterior, a população não iria sobreviver. Os alemães encarregaram papai de reativar a mina e providenciaram nossa mudança. Ela estava localizada no meio da estepe, ao lado de uma estrada de ferro pela qual se escoava o carvão até Stálino. Ao redor da mina vários cones gigantescos, formados pelos montes de refugo de minério, pontilhavam a paisagem.

O povoado de Guigánt consistia de poucas casas. A moradia designada para nós tinha três cômodos, cozinha com fogão a carvão, e não contava com luz elétrica ou água corrente. Para conseguir água, recorríamos a um poço. Havia também um pequeno pomar e uma horta. Um curral era dividido por uma vaca e um cavalo. Depois tivemos um porco e algumas galinhas. Adorei a mudança. Readquiri a liberdade de locomoção. Podia explorar as redondezas sem temer ouvir um ríspido "Halt!". A patrulha militar alemã no campo era diferente da patrulha da cidade.

Mas existia um pequeno senão: não havia escola. Uma vez por semana, mamãe atrelava o cavalo a uma charrete e nela íamos nós. Além de visitar meus avós, buscávamos as matérias que haviam sido dadas a Génia na semana anterior. Mamãe tocava o cavalo com uma longa vara, e a charrete "voava baixo" pelo caminho de terra batida entre as plantações, rumo a Stálino. Com frequência trazíamos Génia para passar o fim de semana conosco.

Numa das nossas visitas tive um grande impacto diante do milagre da natureza. Os camponeses haviam semeado todas as suas terras. Brotavam as primeiras folhas de girassóis, abóboras, melões, melancias e vários outros legumes. Parecia que os campos haviam sido cobertos com uma colcha de retalhos de muitas nuances de verde. Sem falar nos vastos pastos de relva fofa e perfumada que se assemelhavam a um tapete persa, salpicados de multicoloridas flores do campo.

O caminho de Guigánt para Stálino passava por pequenas aldeias com pomares de cerejas, maçãs, peras, ameixas e abricós. Na ida, eu observava os campos verdejantes e os pomares com as árvores de galhos nus. Mas na volta, quando passamos à tarde ao longo dos pomares, elas estavam em flor. Eu fechava e abria os olhos, fechava-os bem apertados e os abria de novo. Não adiantava. A mágica estava ali. Durante o dia, todas as árvores resolveram florir ao mesmo tempo, sem deixar sequer um pedacinho do galho aparecer. Eu não acreditava naquilo que estava vendo. Quando chegamos em casa, corri para nosso pomar e o encontrei todo florido. Dormi sonhando com o que tinha presenciado.

Acordei bem cedo e fui direto para o pomar, para me certificar de que aquela mágica não havia sido um simples sonho. Maravilhada, comecei a olhar à minha volta e fui descobrindo mágicas maiores e mais lindas. O sol acabara de levantar, e as gotas de orvalho brilhavam como diamantes nas flores das árvores e nos talos do endro. Sentia um friozinho ao pisar descalça na relva molhada, que ganhava um tom esbranquiçado em função do orvalho. As teias de aranha, esticadas entre os arbustos de groselha, brilhavam como colares de micropérolas a tremular em cores do arco-íris.

Quando um país ocupa outro, a primeira coisa que faz é impor sua cultura. Isto se dá através da língua. A partir da ocupação alemã, o alemão passou a ser ensinado diariamente nas escolas. Génia passava férias de verão conosco e foi incumbido de me transmitir seus conhecimentos de alemão. Nós dois achávamos tudo aquilo uma grande chatice. Tentávamos driblar a vigilância de mamãe de qualquer maneira.

Inventávamos mil brincadeiras, corríamos pelos campos, bebíamos o leite morno recém-ordenhado e, apesar de proibidos, comíamos fruta verde, diretamente das árvores. O resultado? Uma bela de uma disenteria. Tia Anfissa mandou Génia de volta para Stálino. Fiquei livre do alemão, mas sozinha. Quando se tem 8 anos, uma irmã de 4 não é companhia. Eu até poderia abusar dela e depois acalentá-la, mas isso não me dava mais prazer. Eu tinha que inventar novas brincadeiras para mim.

Toda manhã um menino recolhia as vacas da vizinhança e as levava ao pasto. Ele as trazia de volta à tardinha e eu ficava admirada em vê-las entrarem sozinhas, uma a uma, pelo portão de casa. Nossa vaca, Rosa, nunca errou nossa entrada. Ia direto para o curral. Mas era temperamental. Tentei ordenhá-la algumas vezes, mas ela sempre me enxotava com coices. Tinha grandes chifres afiados e eu a respeitava muito por isso.

Uma tarde, esqueceram de deixar a porta do curral aberta. Fazia muito calor e Ludmila brincava perto da casa, vestida apenas de calcinha. Ao encontrar a passagem fechada, Rosa não pensou duas vezes. Deu meia-volta, baixou a cabeça e avançou contra Ludmila. Espremeu-a contra a parede e com um brusco movimento de cabeça jogou minha irmã para cima. Seu corpinho era tão magro que ela ficou presa entre os chifres, gritando e sangrando. Foi uma dificuldade liberar Ludmila apavorada dos chifres de Rosa. Depois de constatar que um dos chifres, ao furar a calcinha, arranhara sua barriga sem furá-la, mamãe relaxou e desmaiou.

Rosa dava 20 litros de leite por dia. Mamãe separava o creme, derramava-o numa garrafa e eu a chocalhava até virar manteiga. Era cansativo mas divertido. Como prêmio, eu bebia o soro que ficava na garrafa. Quando fervia o leite, mamãe sempre me dava a panela para eu raspar e lamber a nata do fundo. Ela fazia uma ricota maravilhosa. Enchia um saquinho de pano com a coalhada, pendurava-o e, ao escorrer o soro numa vasilha, a coalhada virava ricota. Adivinhe quem bebia o soro?

Eu, naturalmente. Para minha grande alegria, Ludmila não gostava do soro. Sobrava tudo para mim.

Nosso cavalo era branco e cego de um olho. Nós o chamávamos de Repolho Caolho. Atrelado a uma charrete, ele nos levava para a casa dos meus avós, num bom trote. Manso, quando estava à toa em casa podíamos montar nele. Em pelo, a passos lentos no quintal. Quando eu estava em cima do Repolho Caolho, ele se transformava num fogoso alazão, galopando pela estepe rumo ao encantado. E pensava: "Um dia vão lhe crescer asas e então ele vai voar como o Pégaso." Cá entre nós, montar o Repolho Caolho era muito melhor do que montar o talo de girassol.

Naqueles meses, o doce me fazia falta. Ainda era muito cedo para colher as beterrabas brancas e transformá-las em melado e açúcar. Quando o primeiro mel foi tirado, me lambuzei tanto que mamãe levou horas para limpá-lo dos meus cabelos. Do mel mamãe fazia doces maravilhosos adicionando sementes de papoula. Era parecido com o pé de moleque brasileiro, só que mais gostoso.

Falando em sementes de papoula, lembrei-me do que mamãe contava a respeito. As camponesas que tinham crianças de colo levavam-nas consigo quando iam trabalhar nos campos. Mas antes elas esmagavam sementes cruas de papoula no pilão, colocavam a papinha leitosa com um pouco de mel dentro de um pano ralo e faziam uma pequena trouxa com uma bolinha na ponta. Já no campo, deitavam os nenéns na sombra e davam-lhes a chupeta improvisada. As crianças dormiam e as mães podiam trabalhar sossegadas.

Pessoalmente, nunca tinha percebido isso, apesar de ver diversas mulheres nos campos no trajeto para Stálino. Quando fazia muito calor, mamãe parava o Repolho Caolho perto de uma plantação de melancias ou de melões. Descíamos da charrete, mamãe colhia uma melancia, quebrava-a no joelho e dava pedaços para nós comermos de colher. Eram doces e matavam a sede. Os melões não saciavam tanto a sede, mas também eram doces e tinham um bom perfume. Melões como aqueles eu nunca mais encontrei.

Os girassóis cresceram e floriram. Transformaram os campos da Ucrânia num incrível mar amarelo-verde, que eu não cansava de admirar. Já o verde-amarelo eu passei a amar no Brasil. O fundo do "mar" era composto de talos grossos com largas folhas que iam do chão até a flor. As flores formavam uma superfície amarela, mas devido ao peso não ondulavam tanto ao vento como os trigais. Era a superfície de um mar calmo.

Resolvi certificar-me se era verdade que a flor acompanha a trajetória do sol, do nascente ao poente. Certa manhã, entrei na plantação bem cedo e finquei uma vareta ao lado do talo para onde a flor apontava. Voltei horas depois e repeti o experimento. Ao pôr do sol finquei a última vareta. Ao ver quatro varetas fincadas ao redor do talo, constatei, maravilhada:

— Não é que é verdade?! A flor gira!

Por isso, acho que o nome "girassol", em português, é mais correto do que *podsólnukh*, "sob o sol", em russo, ou *sunflower* e *Sonnenblume*, "flor do sol" em inglês e alemão.

Ao assistir ao filme *Os Girassóis da Rússia*, de Vittorio De Sica, chorei nas cenas em que Marcello Mastroianni anda pela estepe nevada à procura de Sophia Loren e esbarra num corpo congelado. Mas o filme também me encheu de ternura e de uma doce saudade da minha infância. A visão do campo de girassóis em flor evocou a lembrança de muitos momentos passados perto e dentro daquelas plantações. Lembrei-me das muitas vezes que brinquei entre os talos altos.

Quando chegava o tempo de colher os girassóis, cortavam as suas grandes cabeças, cheias de sementes pretas, e deixavam os altos talos em pé. Durante o verão, as folhas e as pequenas flores laterais (conhecidas como "enteados") eram sistematicamente arrancadas por duas razões: para que não tirassem a seiva que dá força à flor principal e para fornecer às vacas uma iguaria extra. A floresta rala, de talos nus secando ao sol, dava aos campos um quadro de desolação. Eu sabia que o outono estava próximo. E não gostava.

Papai trouxe uma carroça cheia de cabeças de girassóis para nosso quintal. Elas foram colocadas lado a lado nos secadores preparados no quintal e reviradas com frequência para secar bem e não apodrecer. Quando ficaram secas, começou a retirada das sementes. Com uma tábua presa por uma tira de couro a um bastão, batia-se nas cabeças secas, viradas com as sementes para baixo. Com as pancadas as sementes caíam das suas células e cobriam os secadores. As cabeças vazias eram jogadas fora, e as sementes, peneiradas das impurezas, enchiam os sacos. Eu catava as maiores para tostar.

Em todos os quintais acontecia a mesma operação-girassol. Os sacos com as sementes eram levados à mina, onde papai fizera uma prensa que transformava as sementes em óleo. Dos bagaços e das cascas trituradas eram preparados bolos redondos e duros que assim como o feno também serviam como ração para os animais no inverno. Ao longo do verão, a grama era sistematicamente ceifada e espalhada para secagem. Era desse cheiro que eu mais gostava. Uma vez seca, tínhamos feno, que era empilhado em montes arredondados e levado para o curral, onde era estocado com os palheiros. Enquanto o feno servia de ração, a palha fazia as vezes de forro para aquecer e tornar mais fácil a limpeza do curral.

Um dia, enquanto os montes de feno eram descarregados, abertos e afofados na porta do curral para serem compactados após arejamento, subi no telhado e pulei na cheirosa massa espalhada embaixo. Furei o pé em um prego e vi que um milagre havia me desviado das forquilhas e ancinhos deixados no feno. Não contei para ninguém como o prego entrou no meu pé, mas também não pulei mais do telhado.

Mamãe ordenhava a vaca todas as madrugadas à luz de vela. Quando ela atravessava o quintal uma nuvem de vapor subia do balde com o leite recém-tirado. Certa manhã, a vela caiu e a palha no chão pegou fogo. O incêndio se espalhou com uma rapidez incrível, lambendo o feno e a palha estocados e atingindo o teto. Em minutos, o curral inteiro estava ardendo. Mal deu tempo para tirar os animais. Levaram Rosa para o curral dos vizinhos, Repolho Caolho para a mina e mataram o porco. Dele, mamãe fez linguiças. Passou dias enchendo as tripas com a carne moída e temperada com muito alho e pimenta.

Salgou o resto da carne, encheu vários baldes e cobriu a carne com a banha derretida.

— Vai durar até a primavera — disse.

A neve caía sem parar. Os dias ficavam mais curtos e, ao acordar de manhã, eu via pela janela que lá fora ainda era noite. Mamãe acendia o barbante no pires de óleo para iluminar o ambiente e, depois, o carvão do fogão com um pedaço de palha. Quando caía a primeira neve, o segundo vidro era encaixado em todas as janelas, e era retirado na primavera. Assim, no inverno, as janelas tinham vidros duplos, separados por vários centímetros um do outro. Para isolar as casas o máximo possível do frio, todas as frestas eram vedadas com jornal. Até a primavera as janelas não eram abertas. Para a ventilação dos cômodos existia uma janelinha chamada de *fórtatchka*, "portãozinho", no topo das janelas. A única a ser aberta no inverno.

Certa manhã, ao acender a palha, o fogo não subiu como de costume. Uma densa fumaça saía da boca do fogão e enchia a cozinha. Apavorada, mamãe fechou a portinhola do fogão e correu para abrir a *fórtatchka*. O "portãozinho" não abria. Ela correu para a porta, que não abriu tampouco; parecia estar emperrada. Mamãe pegou a lamparina de pires, saiu da cozinha para a sala e fechou a porta. Tentou abrir, uma por uma, todas as janelinhas da casa. Nenhuma cedia. Atrás de todos os vidros estava uma compacta parede branca. Estávamos emparedados.

Naquela noite, uma extraordinária nevasca, acompanhada de uma ventania não menos extraordinária, cobriu totalmente nossa casa. O telhado e a chaminé, inclusive. As casas são o único obstáculo aos ventos das estepes. Assim como a nossa, as outras também estavam cobertas de neve. Os mineiros que acabavam seu turno na mina, papai entre eles, passaram a liberar as casas da prisão nevada.

Começavam pelo telhado. Primeiro limparam com pás a chaminé e o telhado. Jogavam a neve para o mais longe possível. Do telhado, iam descendo, limpando a parede, até que um terço das janelas estivesse à vista. O "portãozinho" já podia ser aberto, permitindo a entrada do ar

Foto 19: Eu e papai antes da grande nevasca de 1942, que cobriu quase toda a nossa casa em Guigánt

e de uma nesga de luz. Da rua até a porta da entrada foi aberto o caminho que formava uma trincheira de paredes altas. Só não as chamo de túneis porque não tinham teto. A neve retirada formou uma verdadeira cordilheira em volta das casas.

Nossas idas a Stálino ficaram mais espaçadas. Com a chegada da neve, a charrete foi transformada em trenó. Mas nem sempre a viagem era aconselhável. Na ida, mamãe levava óleo de girassol, toucinho, frutas secas e carne de porco salgada. Na volta, trazia velas, fósforos e principalmente vitamina C. Durante o verão os alemães supriam o hospital com vitamina C, e tia Anfissa a furtava, levando o estoque aos poucos para casa. Meu escorbuto era sua motivação.

A vida em Guigánt quase me fez esquecer que a guerra seguia seu curso. Os bombardeios eram raríssimos e não havia uivos de sirene para me lembrar diariamente do conflito, a não ser pelos carros, caminhões e motocicletas militares dirigidos por alemães que passavam de vez em quando na frente da nossa casa.

No dia 2 de fevereiro de 1943, os alemães sofreram sua primeira grande derrota — a rendição em Stalingrado. Era o começo do fim da guerra. Os alemães começaram sua primeira retirada e ordenaram ao meu pai pegar o trem que o levaria com os demais trabalhadores para a Alemanha. Diante da retirada, meus pais avaliaram a situação: ou papai seguia as ordens ou fugia e se escondia. Diante do "se correr o bicho pega, se ficar o bicho come", chegaram à conclusão de que o "bicho" os comeria se ficassem: meu pai foi considerado um traidor da pátria pelos soviéticos ao permanecer na cidade na chegada dos alemães. Mas, se corressem, talvez não os pegasse. O bicho-papão, no caso, seria Stalin.

Era um comboio de trem muito longo, composto de alguns vagões de passageiros para os alemães e de vários de transporte de gado para os ucranianos. A luz e o ar entravam pelas janelinhas estreitas, frestas gradeadas de 40x15cm. Em cada vagão, havia diversas famílias deitadas ou sentadas sobre seus pertences. Uma delas era a minha. Os alemães estavam nos levando para o oeste. Papai ia para não ser "comido", e nós três o acompanhávamos por opção de mamãe: "para não separar a família". Aquela foi a primeira e única vez, durante toda a guerra, que nós quatro estávamos num mesmo vagão.

Além das nossas trouxas de roupa, mamãe levava dois baldes de carne de porco que salgara alguns dias antes. O trem saiu da estação central de Stálino à tarde e parou depois de percorrer 15 quilômetros. Os trens não rodavam durante a noite para que as faíscas da chaminé não fossem vistas por bombardeiros. Estávamos no meio da estepe, perto da casinha do agulheiro na qual eu havia sido batizada nove anos antes.

Como aquela parada tinha sido realizada fora de uma estação, não havia plataforma. Os soldados deslizaram as portas largas, abrindo um vão central em todos os vagões para que o ar circulasse, creio eu. Vi que o chão estava muito abaixo da porta.

A poucos metros do trem, da esquerda para a direita, até onde a vista alcançava, passava uma coluna de prisioneiros de guerra. A fila preta se destacava contra o fundo da estepe nevada. Parecia uma fileira de formigas em movimento. No filme *Ivan, o Terrível*, de Sergei Eisenstein, a cena de uma interminável fila de pessoas andando na neve se assemelha àquela que eu via passar entre o trem e a casa do agulheiro. Soldados alemães com cachorros escoltavam os prisioneiros. Exaustos, eles arrastavam os pés pela neve, compactada por seus companheiros da frente. Com os braços esticados para as aberturas dos vagões, gemiam:

— Pão... pão... pão... pão...

Alguém de outro vagão arremessou um grande pão retangular para o centro da fileira. Como bichos esganados, eles se jogaram na neve, uns por cima dos outros, tentando arrancar o pão de quem o tinha pegado primeiro. Os soldados começaram a gritar "Halt! Halt" e logo atiraram no meio do bolo humano. Alguns homens morreram e seus corpos foram arrastados para fora do caminho. Os soldados reergueram os demais e prosseguiram sua marcha.

Quando os últimos prisioneiros passaram na nossa frente, vi cadáveres espalhados na neve tingida de vermelho. Os soldados que guardavam nosso trem corriam pelos vagões perguntando quem havia jogado o pão. Alguém apontou para meu pai. Os soldados empurraram-no do vagão e ele caiu na neve. Um oficial, distribuindo chutes, mandou ele se levantar e, com os punhos fechados, passou a esmurrar seu rosto e sua cabeça.

Mamãe pulou do vagão, agarrou o oficial pelas lapelas do uniforme e gritou:

— Não foi ele, não foi ele! Se não o soltar, eu mato você!

Parecia uma fera raivosa, gritando em russo para um oficial alemão. Até hoje não consigo entender por que o oficial não a matou. Talvez tenha ficado tão surpreendido com aquela cena inusitada, que soltou o papai e mandou os dois subirem no vagão.

Já do lado de dentro, minha mãe anunciou ao meu humilhado pai:

— Com esses malditos alemães não vou a lugar algum! Vou ficar aqui com minhas filhas. Eu posso sair daqui, porque minha entrada neste vagão foi voluntária, ao contrário da sua. Sinto muito, não queria separar as filhas do pai. Mas, do jeito como reagi, eles podiam ter matado a nós dois. E aí nossas filhas ficariam órfãs.

Chorando, os dois se abraçaram. Ela beijou meu pai, pulou do vagão e pediu que ele nos baixasse. Papai, antes de nos entregar para mamãe, abraçou e beijou cada uma de nós bem forte e disse:

— Não fiquem tristes. A gente vai se encontrar mais dia, menos dia. Continue lendo, Iríchka. Cuide da sua irmã e ajude sua mãe o máximo que puder.

Depois, ele baixou nossas trouxas e os dois baldes de carne de porco. Os soldados fecharam as portas dos vagões. Pela fresta da janelinha papai acenou para nós. Apesar de não ver seu rosto, eu sabia que ele estava chorando. Anoitecia. Fazia muito frio. Mamãe nos levou para a casa do agulheiro. Ela estava quente e repleta de pessoas. Uma cena similar ocorre em *Os Girassóis da Rússia*. Exausto e quase congelado, Marcello Mastroianni encontra uma casinha no meio da estepe nevada. Ao entrar, descobre que mal há espaço para ficar de pé. Chorei muito nessa cena.

Mamãe negociou nosso pernoite e um trenó com os donos da casa onde fui batizada. Em troca deu uma trouxa de roupa e um balde de carne de porco. Dormimos em cima das nossas trouxas no chão do quarto dos donos. Por causa das amígdalas inflamadas, eu ardia em febre e acabei delirando durante a noite. Quando saímos na manhã seguinte, o trem já tinha partido. O dia estava ensolarado, sem vento, mas fazia muito frio e eu sentia muita dor de garganta.

O trenó era longo. Colocando uma trouxa no assento e a outra no encosto, era possível transformá-los numa espécie de poltrona. Ludmila, usando um casaco de pele marrom com capuz e botas de feltro amarelo com galochas pretas, foi colocada em cima da poltrona improvisada. Entre suas pernas mamãe colocou o balde com carne de porco. Passou uma corda em volta de Ludmila, das trouxas, do balde e amarrou tudo firmemente contra o encosto do trenó. Ludmila, o balde e o trenó formavam um único conjunto.

Mamãe perguntou aos donos da casa qual a direção a ser seguida. Seria impossível chegar a Stálino puxando um trenó carregado pela linha do trem, e a estrada estava toda coberta pela neve que caíra na véspera. Apontaram a direção, em linha reta, e ela se pôs a caminho da cidade pela estepe nevada. Eu seguia atrás dela. A caminho e sem caminho. Com a corda passada por cima do ombro, mamãe puxou o trenó e saiu andando na minha frente. Os pés afundavam na neve fofa, o que dificultava a marcha.

O trenó emborcava de vez em quando, mas Ludmila e o balde não caíam. Era como se fizessem parte integrante do trenó. Eu ajudava minha mãe a aprumar e empurrar o trenó. Os passos dela eram mais largos do que os meus e, aos poucos, eu ficava para trás. Mamãe parava, esperava eu me aproximar pela trilha deixada por ela e seguia a caminhada sem olhar para mim. O sol brilhava nas dunas de neve e feria meus olhos. Queria fechá-los, mas temia perder minha mãe de vista. Eu suava, e com a garganta ressecada e ardendo chamava:

— Mama, estou com sede.

Sem se virar, ela gritava:

— Chupe a neve!

— Eu não posso mais andar, estou cansada.

Ela gritava:

— Então fique!

Ficar como? Sozinha na neve? Congelar como a *Menina dos Fósforos*, do conto de Hans Christian Andersen? Se eu ainda tivesse aprendido a controlar a respiração como a linda *Filha da Neve*... Não sei de onde nós tiramos força nessas horas. Sem se virar mamãe parava, esperava eu me aproximar e seguia de novo em frente. Eu comia a neve, chorava de dor de garganta, ardia em febre, caía, levantava, mas continuava me arrastando atrás dela.

Assim andamos durante horas, até que chegamos às primeiras casas da cidade. Sentamos. Não, não sentamos, literalmente desabamos num banco da parada final do bonde. Mamãe pediu a um menino, em troca de um pedaço de carne, que fosse avisar os meus avós da nossa chegada.

Exaustas, sem comer, beber ou ir ao banheiro, esperamos o "resgate". Não sei quanto tempo passou até a chegada do meu avô. Dormi e voltei a delirar por causa da febre alta. Via roupas brancas no varal balançarem ao vento e ouvia pessoas brigando e gritando muito.

Vovô apareceu puxando dois trenós, acompanhado do menino e de um vizinho. Deitaram-me num deles, sentaram mamãe no outro e, puxando o trenó de Ludmila, levaram nós três para casa. Sobrevivemos!

Cenas de filmes têm evocado lembranças traumáticas e provocado choros convulsivos em mim. Em 2005, Andrucha estava finalizando *A Casa de Areia* e exibiu um trecho para que eu assistisse. De repente, comecei a soluçar e pedi que ele parasse o filme. Sabia, por experiências anteriores, que naquele momento eu não conseguiria ver aquelas imagens.

A cena retratava mãe e filha — Fernanda Montenegro e Fernanda Torres — vestidas de preto, descendo as dunas dos Lençóis Maranhenses. Viam-se apenas a areia branca, o céu azul e as duas mulheres de preto. Uma na frente da outra. A que estava atrás dizia que não conseguiria prosseguir mais. A da frente mandava que a outra continuasse ou então que ficasse de vez. As dunas brancas de areia no filme eram iguaizinhas às dunas de neve na estepe. Fizeram-me lembrar a minha volta para Stálino depois da nossa primeira retirada, abortada em fevereiro de 1943.

Duas semanas depois, os alemães mudaram a tática militar, suspenderam a retirada e papai voltou. Ficamos mais uma vez na casa dos meus avós em Stálino. Na primavera, fomos transferidos pelos alemães para outra mina, em Petrovka. Além da mina de carvão, existia uma grande usina de fundição de aço. Para mim, a única diferença entre Guigánt e Petrovka era que nesta última havia uma escola. Bem perto da minha casa. De resto, a primavera e o verão passaram sem grandes acontecimentos. À exceção de que tio Tira começou a trabalhar na mina com papai. Ele e tia Lena, acompanhados por Nina, Vova e a vovó Anya, vieram morar conosco.

Em julho, os alemães foram derrotados em Kursk, uma das maiores batalhas de tanques e veículos blindados da história. O front estava se aproximando de novo. Os bombardeios tornaram-se mais frequentes e muitas vezes tivemos que nos abrigar no porão da nossa casa. À noite se ouviam tiros de canhão e explosões. As idas a Stálino continuavam sendo feitas de charrete. Mas na maioria das vezes sem mim.

O 1º de setembro de 1943 marcava a volta às aulas. Na manhã do primeiro dia passaram um filme alemão chamado *Sein bester Freund*, "O seu melhor amigo". Naquela altura, eu já sabia alguma coisa de alemão e entendia o que era falado no filme. Tratava-se de um soldado alemão cujo cão policial o salvava nas minas do front. No escuro da sala, alguém gritou meu nome durante a projeção e mandou que eu fosse imediatamente para casa. Não conseguia imaginar por quê, mas corri o mais rápido que pude.

Ao entrar na sala de casa, vi minha mãe ajoelhada em frente a um lençol esticado sobre um cobertor. No chão, ao seu lado, uma montanha de roupas. Ela as dobrava e colocava no meio do lençol. Deitou nosso samovar por cima e amarrou as pontas. Primeiro as do lençol e depois as do cobertor. Fez uma grande trouxa que arrastou para perto de duas outras. No quarto ao lado, tia Lena, vovó, Nina e Vova faziam a mesma coisa. Mamãe me mandou separar alguns livros que eu ainda não havia lido e botar na minha pasta, junto com todos os cadernos, lápis e borracha que tinha em casa. Eu não perguntava por quê e fazia o que ela mandava.

Ela soubera pela manhã que papai e tio Tira iam ser levados para a Polônia. Ela e tia Lena poderiam levar os filhos e ir na frente com mais segurança, pois os homens teriam que permanecer em Petrovka até o último momento da retirada. Elas optaram logo por não separar a família e decidiram esperar seus maridos na Polônia. O trem sairia naquela tarde. Mamãe não disse nada para não me assustar antes da hora. Pegou a charrete e voou a galope para tentar persuadir os pais e as irmãs a virem conosco. O front estava bem perto e eram previstas batalhas sangrentas. Eles resolveram ficar com tia Larissa, que se recusava terminantemente a partir. Ela justificava a decisão com os argumentos:

— Durante os bombardeios vocês vão fugir... Como então eu poderei correr atrás de vocês? Numa perna só? E nem correr eu posso, por causa do meu pulmão. Se for para morrer, morrerei na minha cama. E mais importante: eu quero estar aqui para receber Zhórzh quando ele voltar.

Como presente de despedida, tia Anfissa deu para mamãe um embrulho com dois quilos de comprimidos de vitamina C e um saquinho com meio quilo de grãos de permanganato. Mamãe contou que suas últimas palavras foram:

— Dê para as meninas diariamente um comprimido de vitamina C e guarde o permanganato como o mais precioso dos tesouros. Se vocês forem feridas, não importa a extensão do ferimento, dissolva alguns grãos na água até ela ficar de um roxo bem escuro e faça compressas sobre o ferimento. A pele vai ficar preta, mas o ferimento secará sem inflamação. Eu bem que queria ir junto com vocês e levar Génia, mas Larissa precisa dos meus cuidados profissionais e nossos pais jamais iriam sem ela.

Foi a última vez que mamãe esteve com os seus.

Uma carroça levou nosso grupo, composto de três mulheres, três meninas e um rapaz, para o trem, perto da mina. Cada um carregava sua trouxa, mochila, bolsa ou pasta com fotos e documentos. Papai e tio Tira nos esperavam ao lado do nosso vagão. De novo o trem era composto de vagões de gado. De novo nos alojamos em cima das nossas respectivas trouxas. De novo eu estava me despedindo do meu pai. Nunca mais esqueci suas últimas palavras:

— Preste bem atenção, Iríchka, a gente nunca sabe o que o destino prepara para nós. Sempre pode ocorrer um incidente grave, como um incêndio, um cataclismo de natureza ambiental ou política. É a segunda vez que nossa família está perdendo tudo. A primeira foi quando veio o comunismo e tiraram do meu pai a mina, a casa, e tudo mais que possuíamos. Agora, estamos deixando para trás o que conseguimos juntar desde então. Lembre-se bem: podem lhe tirar tudo, menos o que está guardado na sua cabeça. Leia muito e estude o máximo que puder.

De novo as portas dos vagões se fecharam. O trem partiu. Só que desta vez era eu quem estava nele, eu quem acenava para o papai pela fresta da janelinha.

O piso do vagão era revestido de palha. Num canto havia um balde coberto por um pano molhado. Servia como vaso sanitário. Famílias com crianças apoiavam-se nas paredes do vagão. Cada um em cima da sua trouxa. Para meu azar, coube a mim a trouxa com o samovar. Era muito incômoda, e eu tinha que ser uma verdadeira contorcionista para poder sentar ou deitar sem me machucar. Não conseguia dormir. Estranhava a "cama" e a necessidade de ter que fazer minhas "necessidades" na frente de todos. Adormeci embalada pela monotonia do som constante das rodas rolando pelos trilhos.

À noite, mamãe me acordou e disse para eu correr à janela para ver o rio Dniéper. A janela era a fresta gradeada de ventilação. Através dela eu via nosso trem cruzar uma ponte sobre um largo rio iluminado pela lua. O Dniéper me pareceu ser muito grande, o maior rio que eu já tinha visto, mas não tão largo como Gogol descrevera. Na escola, tínhamos que decorar trechos de sua prosa, e me lembrei do que havia lido: "É maravilhoso o Dniéper, quando há calmaria. (...) De tão largo, não há como atravessá-lo. Nem de barco nem a nado. Só algum raro pássaro consegue voar até a metade do Dniéper." Fiquei excitada. Mesmo com os exageros de Gogol, eu estava atravessando o Dniéper.

Na tarde do dia seguinte chegamos a Krivói Rog (cidade onde Génia mora hoje). Todos foram tirados do trem e redistribuídos em casas que tinham espaço para mais uma família. Permanecemos na cidade por mais de uma semana à espera de um trem adaptado às bitolas europeias, pois na Rússia o espaçamento entre os trilhos é mais largo. Ficamos alojados com uma família que tinha crianças e nós brincávamos com eles e com os outros da vizinhança no quintal. Depois do vagão, onde mal dava para andar, correr e brincar era uma festa.

Mamãe trocou com a dona da casa uma coisa qualquer por um par de sapatos para mim. Os sapatos eram de saltinho. Eu tinha 9 anos e nunca antes havia andado de salto, com exceção do dia em que passeei com as botas da mamãe em Kalínovka. Calcei-os e me senti adulta. Desfilei assim durante o dia todo. À noite, as batatas das pernas doíam tanto que, no dia seguinte, eu mal conseguia pisar descalça. Quando veio o outro trem, já adaptado à bitola europeia mas ainda composto por vagões de gado fomos transferidos para ele.

E de novo as portas dos vagões se fecharam. E, aí sim, partimos definitivamente da Ucrânia ao encontro do desconhecido. "Homem não é porco, se acostuma a tudo." Acostuma-se até mesmo a fazer suas necessidades no balde, em frente a um monte de gente desconhecida, num trem lacrado e em movimento. E logo, logo eu estava habituada à dura rotina do trem, que parava nos campos abertos duas vezes por dia. Era a hora de comer, se lavar, trocar as palhas no chão do vagão, esvaziar o balde.

Cada um de nós ganhou um prato e uma colher de alumínio. A comida se resumia a sopa de batata e nabo, com um pedaço de pão preto. Não sei quem fazia a sopa. Só sei que quando as portas eram abertas, uma panelona fumegante aparecia na frente de cada um dos vagões. Os adultos desciam e ajudavam a baixar as crianças. Todos aproveitavam as paradas para fazer as necessidades atrás das rodas. Assim o balde era menos usado.

Mamãe pedia permissão aos soldados para tirar um pouco de água quente da caldeira da locomotiva a fim de lavar nossas cabeças do lado do trem, em campo aberto. Nós duas usávamos tranças e, como eu tinha muito cabelo, demorava a secar. Mamãe não deixava que andássemos desgrenhadas — fazia minhas tranças mesmo com o cabelo úmido. Apertava tanto que repuxava meus olhos. Ela então ria e dizia que nós tínhamos virado umas chinesinhas.

Ela tirou o samovar da minha trouxa — que beleza, minha "cama" ficou reta! — e o descia a cada parada. Enchia-o com a água quente da caldeira e colocava algumas brasas de carvão que o maquinista lhe dava dentro da chaminé. Desta forma a água fervia quase instantaneamente. Formava-se uma fila. Alguém sempre trazia ingredientes para fazer chá para todos. Sentavam no chão em volta do samovar e cantavam uma popular canção russa: "Ao redor do samovar estamos sentados eu e minha Masha."

Sempre que podia chegar perto da janelinha do trem, eu levava um dos meus livros. Uma vez, li um conto sobre um menino holandês, muito pobre, que tinha uma cabra e vivia com o avô. Certo dia, o avô ficou muito doente, mas eles não tinham dinheiro para comprar remédio. O menino ordenhou a cabra, atrelou-a a uma pequena carroça, carregou-a com o vasilhame de leite, tocou o animal até a cidade, vendeu o produto, comprou o remédio e o avô ficou bom de novo.

O conto me fez chorar aos soluços. Não queria que as pessoas vissem, mas ao mesmo tempo não conseguia parar de chorar. Imaginava que aquele menino era eu, salvando meus parentes. Era como se eu pressentisse as inúmeras vezes nas quais iria exercer aquela função. Encostei o rosto nas grades da fresta, fingi olhar paisagem e ali permaneci até os soluços pararem.

Atravessamos a Ucrânia de leste a oeste e entramos na Polônia. Pela primeira vez o trem parou na estação de uma cidade. As portas foram abertas e logo vi um grupo de crianças ciganas pedindo esmola. A nós?! À aproximação de soldados, elas fugiram e observei mulheres empurrando carrinhos de bebê. Nunca antes eu tinha visto carrinhos iguais àqueles! De rodas altas, com a cobertura levantada parecida com a de charrete e suavemente balançando nas molas.

As mulheres caminhavam ao longo do trem, sem olhar para nós. Pensando bem, agora acho que elas deviam ser alemãs e esposas dos militares estacionados na Polônia. Mas não tenho certeza. Passamos por uma grande cidade, Cracóvia, mas sem parar.

Daí em diante, o trem parou somente nas pequenas estações. A comida nos foi dada nas plataformas, mas mamãe foi proibida de usar o samovar e de nos lavar com a água quente da locomotiva. A viagem durou quase duas semanas até a chegada à cidade de Katowice, na Alta Silésia (atual Polônia), onde estava nosso campo. Nosso destino final.

Capítulo 7

Saímos de Petrovka em 1º de setembro e, após quatro dias de bombardeios e batalhas, Stálino foi retomada pelo Exército Vermelho. Soubemos disso, mas não do paradeiro de papai ou de tio Tira.

A viagem de Stálino a Katowice durou menos de três semanas, mas pareceu uma eternidade. Quando o trem parou na cidade, fomos transferidos em caminhões militares para um campo de concentração com vários barracões e cercado de arame farpado. Era o Ostarbeiterlager, o campo de trabalhos forçados destinado aos eslavos.

Enquanto no campo de judeus o extermínio era sistemático (as pessoas eram mortas pelo simples fato de serem judias), os eslavos de Ostarbeiterlager eram executados apenas se tentassem fugir ou transgredissem alguma norma estabelecida pelos alemães. Existiam também campos de concentração para prisioneiros de guerra, para homossexuais e para ciganos.

Ao chegar, fomos registrados e recebemos o cartão de alimentação. Deram também uma caneca, um prato fundo e uma colher de sopa — todos de alumínio —, além de uma toalha, um lençol quadriculado azul e branco, um cobertor cinza de flanela fina, um travesseiro de feno e dois pedacinhos de sabão: um menor, amarelo, e outro maior, marrom. Entregaram também uns retângulos de pano, de 7x8 cm, com OST em branco vazado no fundo azul. Ordenaram que os costurássemos na roupa, no lado direito do peito. Acrescentaram que quem usasse roupas sem aquela inscrição seria punido.

Foto 20: No campo de concentração em Katowice, Polônia, éramos obrigados a costurar um retângulo de pano em nossas roupas. Ost, "leste" em alemão, designava os prisioneiros eslavos e soava como palavrão aos ouvidos nazistas

A palavra *Ost* ("leste", em alemão), quando aplicada a algum eslavo, era equivalente a um palavrão para os nazistas. "Du bist ein Ostscheisedreck", "você é uma sujeira de merda do leste", diziam. Nós, os eslavos, éramos considerados *Untermenschen*, "sub-humanos", e vistos como o elo perdido entre os não humanos judeus e os semideuses arianos alemães.

Sob a garoa fina de outono, carregando nossas trouxas e objetos recém-entregues, fomos conduzidos aos barracões. Vova, para ajudar mamãe, carregava Ludmila. Só que o barracão dele não era o mesmo que o nosso. Criou-se uma pequena confusão na entrada do abrigo. Os alemães não permitiram a Vova entrar, e ele teve que deixar minha irmã de 4 anos no chão. Assustada, Ludmila pedia colo. Mas, como estávamos carregadas de tralhas, não podíamos lhe dar nem a mão. Mamãe ordenou que ela segurasse firme na bainha da sua saia.

Os barracões eram compridos, com duas fileiras de beliches de madeira ao longo das duas paredes. Abrigavam de sessenta a cem pessoas. Na passagem, havia um fogãozinho a carvão de ferro-gusa para aquecer o ambiente. A chaminé saía pela parede. Apontaram o beliche que seria nosso "apartamento" nos próximos muitos meses. Os de perto da chaminé eram os mais visados. Contavam com um "aquecimento central" privativo.

Escolhi a parte superior e mamãe esticou o lençol quadriculado. Joguei no chão a trouxa, a mochila cheia de livros e cadernos, objetos recebidos, e tirei os sapatos e o casaco. Vestida como estava, deitei sobre o colchão de palha e tive uma sensação de alívio. Fechei os olhos e me deixei levar por um incrível bem-estar. Depois de ser sacolejada sobre minha trouxa no vagão de gado, parecia que eu estava num palácio, em uma cama com colchão de plumas de ganso como a princesa da ervilha, no conto de Andersen.

Mamãe ajeitou Ludmila e desfez as trouxas. Em seguida me cobriu com o cobertor de lã que havíamos levado. Por baixo de cada lado do meu colchão, ela enfiou as extremidades dos dois cobertores recebidos. Tínhamos então duas cortinas penduradas nas laterais do beliche, que cobriam a parte inferior e serviam como parede. Foi assim que mamãe "construiu" nosso "apartamento". Mais tarde, reparei que ela não havia sido a única a se preocupar com a privacidade. Quase todos os beliches estavam daquele jeito. Durante o dia, as "cortinas" eram enroladas na parte superior e, de noite ou quando se queria trocar de roupa, eram baixadas.

Mamãe quis que eu dormisse embaixo com Ludmila, e ela dormiria em cima. Mas eu me neguei terminantemente a dormir sufocada numa "clausura", como eu chamava o estrado inferior. Ainda que batesse a cabeça no teto quando sentava ereta, preferi ficar em cima. Eu precisava de ar.

Naquele mesmo dia descobri a localização dos três lugares de suma importância para nossa nova vida: a trincheira que nos servia de abrigo antiaéreo; o "refeitório", que não passava do local onde nos entregavam a comida, pois comíamos em pé do lado de fora ou levávamos o prato para o alojamento; e a latrina.

O bunker de concreto armado era permitido somente aos alemães (só consegui ver seu interior depois do fim da guerra). A trincheira daquele campo era a maior que eu já vira. Tinha 2 metros de profundidade por aproximadamente 1,5 metro de largura. Mas, ao contrário da maioria, ela não havia sido escavada na terra em linha reta. A trincheira consistia de várias unidades de 10 metros de comprimento. Num zigue-zague formado por ângulos de 90 graus, as unidades eram conectadas entre si. Cada uma tinha entrada independente. O formato tinha por objetivo evitar o maior número de mortes caso uma bomba caísse numa das unidades. O ar, deslocado por uma explosão, seria detido na curva do próximo segmento.

A terra escavada havia sido jogada por cima das tábuas que cobriam a trincheira e servia de camuflagem contra os aviões. Ao longo das paredes, tábuas largas faziam as vezes de bancos. Quando chovia, a água infiltrava-se na terra e penetrava na trincheira, escorrendo por entre as tábuas do teto. Molhava as paredes, os bancos e transformava o chão num lamaçal. Quando chovia muito, o lamaçal se transformava em poças de água que podiam chegar acima do tornozelo. A trincheira ficava seca apenas no verão, quando não chovia, e no inverno, quando geava.

Os campos eram construídos perto ou no entorno de fábricas, usinas e minas. Os alemães alimentavam a doce ilusão de que os Aliados, ao saberem que milhares de civis ocupavam os barracões, não os bombardeariam. Qual o quê! Os bombardeios eram quase diários. Isto é, noturnos.

Ao anoitecer, a distribuição da ração do jantar era seguida pelo toque de recolher. O fogãozinho de ferro-gusa tinha que ser apagado, a fim de que eventuais centelhas que saíssem da chaminé não fossem vistas por aeronaves aliadas. Em vez de se despir para dormir, todo mundo vestia mais roupa. Nunca se sabia a hora do próximo ataque. Tão logo a sirene começasse a uivar, era só pular da cama, calçar os sapatos, vestir o casacão e correr para as trincheiras. Havia noites em que o ritual se repetia por duas, três vezes. A duração dos bombardeios também era imprevisível.

As diferenças entre a trincheira e o porão de Stálino eram poucas. Ambos eram igualmente escuros, angustiantes e desconfortáveis à sua maneira. Enquanto o porão era quente e abafado, a trincheira era fria e úmida. Dessa maneira, conforme as recomendações de tia Anfissa, mamãe passou a nos dar vitamina C diariamente.

Nos horários das refeições formava-se uma longa fila no enorme salão do refeitório. A cozinha ficava contígua ao salão onde a comida era distribuída. Quando chovia, comíamos ali mesmo, em pé. De manhã, pela janelinha que conectava a cozinha ao refeitório, cada prisioneiro recebia a ração diária de 280 gramas de pão preto, 15 gramas de margarina, 15 gramas de açúcar e o café: um líquido marrom quente, feito de bolotas de carvalho torradas e moídas. Era o *Ersatzkaffee*, o café substituto.

A mesma fila, só que com as pessoas empunhando o prato e a colher, se formava no almoço e no jantar, que consistiam de *warm und kalt*, "quente e frio". O "quente" era a sopa de cascas de batata com nabo ou repolho. O "frio" se resumia a três rodelas finas de salsichão e uma nesga de marmelada feita de beterraba branca e colorida com o suco de beterraba vermelha. Do lado de fora, na saída do "refeitório", formava-se uma verdadeira feira de troca após cada distribuição da ração. Ouviam-se gritos em russo, ucraniano e polonês:

— Troco um *kalt* por um *warm*! Troco dois *kalt* por uma agulha! Troco linha preta por um *warm* e um *kalt*! Troco dois *kalt* por um cigarro!

Geralmente os homens queriam mais o *warm* e as mulheres, o *kalt*. Para mim, ambos eram bem-vindos.

Uma única latrina servia a vários barracões. A latrina-barracão do campo era maior do que a da casa dos meus avós. Tinha 10 metros de comprimento e havia sido construída sobre uma fossa bem mais funda. O interior era separado por uma parede. Em cada lado havia dez buracos com assentos delimitados por meias-paredes. Um lado era destinado a mulheres e crianças e o outro, a homens. As entradas ficavam em lados opostos do barracão. Para quem sempre teve vaso sanitário em casa, ir às latrinas comunitárias seria uma tortura. Para mim, era natural.

Mamãe e tia Lena trabalhavam na fábrica dentro do campo. Elas costuravam as camisas dos uniformes militares. Começavam a trabalhar depois do desjejum, paravam para o almoço e continuavam o serviço até o jantar. Antes de ir trabalhar, mamãe passava exercícios de redação e de aritmética, para que eu fizesse durante o dia. Ela sempre os corrigia à noite. Mamãe apertava sempre nossas tranças e as amarrava com fitas em largos laçarotes. Todos ficavam intrigados como estávamos sempre enfeitadas e de fitas passadas e engomadas.

Éramos as meninas mais bem-arrumadas do campo. O segredo de mamãe consistia em lavar nossas roupas à noite, torcer bem, enrolar numa toalha até ficarem ligeiramente úmidas e colocá-las bem estendidas entre as tábuas do beliche e os colchões. As fitas, mamãe as grudava ainda molhadas nas tábuas da parede. Pela manhã, tudo parecia recém-passado. Entre os beliches havia cordas esticadas para secar as roupas. Secar, elas secavam, mas ficavam todas amassadas.

Meus primos adolescentes, Nina e Vova, foram trabalhar na cozinha. Eles preparavam os *kalt* e os *warm*. Cortavam o pão (somente os alemães podiam cortar marmelada e margarina), descascavam as batatas (as cascas e os legumes podres iam para nossa sopa, as boas eram destinadas aos alemães) e lavavam as panelas e a cozinha. Vovó ficava sempre conosco. Ela tomava conta de Ludmila, me contava histórias da sua vida e rezava para que a gente pudesse rever papai e tio Tira, para que nada de mal lhes acontecesse. Nem a nós. Era a primeira vez que eu via e ouvia alguém rezar.

Um dia, inesperadamente, papai e tio Tira entraram no nosso barracão. Vestiam macacões cinzentos e sujos, estavam magros e pareciam cansados. Carregavam o cobertor, o lençol, os apetrechos para comer, os pedaços de sabão e os retângulos com a inscrição OST.

Eles haviam levado quase dois meses para chegar até nós. Contaram que tiveram que permanecer em Petrovka até o último soldado alemão bater em retirada. Depois seguiram com a infantaria, a pé, em carroças e em caminhões. A acolhida foi ao mesmo tempo ruidosa e incrédula. Todos consideraram a chegada deles um milagre. Era a segunda vez que a gente se reunia após separações forçadas.

Mas não havia cansaço que pudesse sobrepujar a alegria do nosso reencontro. Sujo, barbado e fedido, ao nos abraçar e beijar papai me parecia ser o mais belo, elegante e cheiroso dos príncipes. Eu não me cansava de olhar seu rosto; seus olhos risonhos azul-rei; de ouvir o som da sua voz de trombone, de baixo profundo.

Ele queria tomar banho mas não podia. Perdera o dia do banho, que fora o da véspera. Teria que esperar e contentar-se com a água gelada da torneira do lado de fora do barracão. O banho quente só acontecia uma vez por semana, dia em que novos pedaços de sabão eram distribuídos. Primeiro para as mulheres e as crianças, depois para os homens.

O sabão era um capítulo à parte. O amarelo-clarinho era leve e flutuava. Era o único que fazia espuma (uma espuma rala, mas ainda assim espuma) e servia para a gente se lavar. Diziam que a gordura para sua fabricação — assim como para a da margarina — era tirada dos dejetos humanos, depositados nas cloacas e nas fossas. Daí surgiu a expressão russa "Recolher a nata da merda", em referência à atitude de uma pessoa mesquinha, que quer tirar vantagem das mais insignificantes situações. Já o sabão marrom era pesado, afundava. Era feito de argila com um pouco de areia e servia para lavar a roupa e os pratos.

O barracão utilizado como casa de banho consistia de uma antessala onde todos se despiam e colocavam as roupas em cima dos bancos de tábuas. Juntas, mulheres e crianças entravam nuas numa sala contígua, longa e vazia. Cada um levava o sabão amarelo. O chão era coberto por grades de madeira. Ao longo do teto havia várias fileiras de canos perfurados. A pessoa se postava embaixo de um dos orifícios e esperava. De repente, começavam a cair filetes de água quente. Durava pouco tempo — o suficiente para molhar o corpo e os cabelos. A água então era desligada e começava o ensaboamento. Cada qual tentava se ensaboar e se esfregar ao máximo. O problema de mamãe eram meus cabelos. Eram longos e tão espessos que não cabiam nas minhas mãos para eu fazer minhas tranças. Só era possível ensaboá-los a quatro mãos: as da minha mãe e as minhas.

Em pouco tempo os filetes voltavam a cair para que nos enxaguássemos. A água era impregnada de minerais e retirava a parca espuma em instantes. Já sem a espuma, continuávamos ali, deixando a delícia da água quente escorrer por nossos corpos. Era divino! Até que a água era definitivamente desligada.

Enquanto isso, na antessala, nossas roupas eram pulverizadas com antissépticos contra as doenças de pele — sarna, em particular — e defumadas contra piolhos, pulgas e percevejos. Demorava dias para o cheiro sair das roupas. Até o banho seguinte. Aí começava tudo de novo.

Assim como nos arredores de Donétsk, havia muitas minas de carvão e minério de ferro em volta de Katowice. No dia seguinte à chegada de papai e tio Tira, ambos foram enviados para trabalhar nas minas. Não como simples mineiros ou engenheiros. Eram chamados de "mineiros qualificados", seja lá o que isso significava. Um caminhão os levava às minas ao amanhecer e os trazia de volta à noite, depois do nosso jantar. Dizia-se que as refeições nas minas eram melhores do que as nossas. Às vezes, papai trazia uma salsicha ou um pedaço de pão extra para Ludmila escondido no bolso. No entanto, ela estava ficando cada vez mais fraca, até que acabou desenvolvendo uma anemia aguda.

Lembro-me de que nessa época os alemães passaram a revirar com frequência nosso barracão à procura de alimentos. Reviravam tudo. Tiravam os colchões dos beliches, examinavam as tábuas do chão e das paredes. Ninguém sabia o que procuravam; supunha-se que eram armas. Certo dia mamãe foi levada. Ninguém sabia para onde nem por quê. Papai, Ludmila e eu vivemos um dia e uma noite de angústia. Pensei que nunca mais a veria de novo. Papai tentou nos confortar, mas eu tinha certeza de que ele sofria diante da impotência em resolver a situação.

Quando voltou, exausta e assustada, mamãe contou que havia sido interrogada por 24 horas. Os alemães queriam saber onde ela arrumava e escondia os alimentos, e por que eu era gorda. Ela negava, dizia não saber o porquê. Os oficiais não acreditavam e seguiam com a tortura do interrogatório. Até um argumento dela convencer os interrogadores:

— Eu não iria alimentar uma e deixar a outra morrer de inanição. Também não tenho culpa se a sopa de casca de batata engorda minha filha.

O álibi da minha mãe foi minha irmãzinha, que estava com uma anemia aguda e não podia andar, de tão fraca.

Logo em seguida vovó descobriu que havia um *Ostarbeiter* ("trabalhador do leste") padre no barracão ao lado. Ela insistiu com meus pais que passara da hora de Ludmila ser batizada. Durante o batismo, descobri que o padre era o pai de uma menina que brincava comigo. Ao contrário dos católicos, os padres greco-ortodoxos podem casar.

A chegada de papai não alterou a forma como nos acomodávamos. Continuei dormindo no beliche de cima, e Ludmila e mamãe mantiveram-se no de baixo. Papai ficou com um leito em outro beliche. Com a chegada dele, as idas noturnas à trincheira tornaram-se menos penosas. Papai carregava Ludmila até embaixo, onde mamãe, sentada, a pegava no colo. Eu me acomodava entre os dois. Ali, na escuridão, ao som dos aviões americanos, ingleses e russos e das bombas que caíam, acontecia o que eu mais gostava: papai contava histórias para mim.

Noite após noite, semana após semana, mês após mês, ele narrava livros. Contava como se estivesse lendo. Sua memória era tão prodigiosa que ele se lembrava não somente dos nomes dos personagens, dos diálogos e das ações, como também descrevia suas roupas, o ambiente e a filosofia contida nas obras. Contava baixinho para mim, mas as pessoas ao alcance da sua voz começavam a ouvir e sempre tentavam sentar perto. Primeiro papai me narrou os clássicos russos. Depois os ingleses, alemães, franceses e alguns americanos. Nas raras noites sem bombardeios, eu sentia falta da trincheira. Porque papai dormia e não me contava a continuação do livro da véspera. Quando a guerra acabou e entrei em contato com os livros contados na trincheira, eu não os estava somente lendo, mas sim relendo e ouvindo mais uma vez a voz do meu pai.

Um filme a que assisti me remeteu às lembranças das "leituras sem os livros" que papai fazia na trincheira: *Fahrenheit 451*, de François Truffaut (baseado no livro de Ray Bradbury). Ao ver o filme, pensei: "Será que Bradbury esteve na nossa trincheira e ouviu papai?" A película retrata uma sociedade em que os livros são proibidos, e quem os esconde ou lê é perseguido até a morte. A cena que mais me impressionou foi a de um avô, no leito de morte, transmitindo verbalmente um livro (se não me engano *Tom Sawyer*) ao neto de 10 anos. O velho faz o menino repetir com exatidão cada frase sua. Pelo visto, meu pai "decorou" muitos livros e tentou transmiti-los para mim caso ele morresse e eu não pudesse lê-los.

O réveillon de 1943 foi muito especial. Pela primeira vez na vida eu dançava. Não houve bombardeios naquela noite, e, no escuro do barracão, as pessoas bailavam entre os beliches ao som baixo de uma gaita. Dançavam e cantavam. Comemoravam o fato de estarem vivas. Contavam piadas, riam e dançavam. Papai fazia par com mamãe, Ludmila dormia e eu, sentada na parte superior do beliche, me deliciava com os pares bailando.

Os vultos eram iluminados pelo luar que entrava pelas janelas sempre descobertas. De repente, nosso vizinho de beliche, Doktor Varva, me tirou para dançar. Meu coração pulava de orgulho. Eu dançava com um adulto. Não me lembro dele, só que era uma pessoa grande. Todos riram. Depois, papai também dançou comigo. Aos 10 anos eu me senti tão importante, tão adulta, e era o centro das atenções.

Cantar, contar piadas, rir dos esquetes improvisados eram uma constante à noite, após o toque de recolher. Pode parecer um absurdo, pode-se perguntar: como alguém consegue rir e dançar naquelas circunstâncias? Como alguém pode se divertir quando a morte está iminente a cada segundo?

Para esquecer. Que fosse por alguns minutos. Ríamos para não chorar, para sobreviver às adversidades extremas. Era a comemoração de mais um dia de sobrevivência. Era a maneira de recarregarmos as baterias para superar as provações e privações do dia seguinte. E é nessas horas terríveis que a união, o afeto e o senso de humor são indispensáveis para conservar a saúde mental.

Vi isso retratado em dois filmes. Quando assisti, reconheci as situações e chorei. Chorei muito. Eram duas histórias sobre as batalhas de Stalingrado: *Retratos da Vida* (de Claude Lelouch) e *Círculo de Fogo* (Jean-Jacques Annaud). Reconheci em dois momentos análogos. À noite, apesar das batalhas urbanas sangrentas, que duraram mais de cinco meses pelas esquinas dos escombros da cidade nevada e destruída, com temperaturas chegando a 40 graus negativos, os soldados e os civis russos, famintos e exaustos, tocavam gaita, acordeão, cantavam e dançavam. Lembrei-me das palhaçadas dos esquetes, dos cantos e das danças no barracão do campo Ostarbeiterlager em Katowice. Reconheci, lembrei e chorei muito.

O tempo passava, a guerra seguia seu rumo, e nós, nossa rotina. Pela manhã, os adultos saíam para o trabalho, e as crianças eram reunidas em volta de um poste alto para a cerimônia de hasteamento da bandeira nazista. Com o braço direito esticado, tínhamos que cantar o hino nacional alemão em coro: "Deutschland, Deutschland über alles, über alles auf der Welt" ("Alemanha, acima de tudo no mundo") e, enquanto a bandeira subia, cantávamos "Die Fahne hoch, SA marschiert!" ("Levantem a bandeira, a SA está marchando"). Ao término dos hinos, culminávamos a cerimônia com um grito em uníssono de "Heil Hitler!". O ritual me lembrava as saudações a Stalin, que eu gritava na Ucrânia, sozinha e em coro, em todas as ocasiões: "Viva Stalin!"

Ludmila ficava cada dia mais fraca, e manchas escuras começaram a aparecer pelo corpo. Doktor Varva (nunca soube seu primeiro nome) diagnosticou uma infecção sanguínea por estreptococos, proveniente de um abscesso em um dente. Na ausência de qualquer remédio, a única coisa que poderia ajudar seria suco de batata crua. Nina e Vova, que descascavam batatas, passaram a roubá-las e trazê-las todos os dias para mamãe. Ela as ralava e espremia o suco diretamente na boca de Ludmila. Parecia milagre: as manchas foram sumindo aos poucos.

Entretanto, àquela altura, Ludmila estava tão fraca que não podia mais andar e tinha que ser carregada. Mamãe passava todo o tempo livre com ela. Como as duas não podiam mais ir às filas do refeitório, a tarefa coube a mim. Passei a enfrentar a fila seis vezes por dia. Ia com os cartões de mamãe e de Ludmila, recebia a comida e levava para elas. Segurar uma caneca com um prato em cada mão era fácil. Difícil era equilibrar o *kalt* em cima do *warm* em cada mão. Às vezes, uma vizinha me ajudava, empilhando meus dois *kalt* em cima dos dela. Com medo de que o *kalt* caísse ou o *warm* derramasse, eu voltava devagar, entregava os pratos para mamãe, pegava meu cartão e meu prato e voltava correndo para a fila. Resolvi então trazer uma ração por vez, apesar de que ficar nove vezes na fila me tirava muito tempo do dia. Sobrava um pouco para fazer os deveres e menos ainda para brincar.

É impressionante como uma criança consegue se divertir, mesmo que seja numa latrina comunal de um campo de concentração. Na ausência de talos de girassóis para cavalgar, concentrávamos a atenção nas latrinas. No verão, nós, as meninas, pegamos algumas moscas e as jogamos nas teias de aranha que se espalhavam pelos cantos da latrina. A aranha só reage se a mosca estiver viva. Aprendemos a pegar moscas. Quando uma pousava em uma superfície plana, fazíamos com a mão em concha um rápido movimento lateral na direção dela, e logo a mosca estava se debatendo dentro da mão fechada. Era nossa aula prática de ciências naturais: estudar como a aranha atacava e imobilizava a mosca. Observávamos também a proliferação de bichos brancos, parecidos com vermes gordos, que se movimentavam no fundo da fossa.

No verão, quando eu reclamava do fedor que vinha lá de dentro, as meninas me diziam que quando se respira pela boca não se sente cheiro nenhum. Mas eu preferia respirar pelo nariz. Achava que respirar pela boca seria o mesmo que comer aquela merda. No inverno, "sorteávamos" entre nós os buracos da latrina e medíamos o crescimento gradativo dos montículos amarelos de gelo que eram formados pelas gotas de urina. Quem tivesse o menor ganhava. Significava que o seu buraco da latrina era o mais limpo.

Certa vez ouvi falar que o animal mais voraz do mundo é a libélula. Mesmo quando capturada e imobilizada pelas asas, ela é capaz de devorar uma mosca, se esta lhe for oferecida. Passei então a caçar libélulas e moscas. Moscas, fáceis de capturar, havia em abundância. Já a caça às escassas libélulas exigia maior destreza. Uma vez capturada, eu a segurava pelas asas com os dedos de uma das mãos, e, com os dedos da outra, aproximava a mosca viva da sua boca. Não foi que constatei que aquilo que diziam era a mais absoluta verdade?

Nunca pensei que as libélulas tivessem uma boca tão grande. Elas devoravam a mosca oferecida num instante. Concluí que as libélulas eram como nós. Mesmo capturados e presos, continuávamos vivos. Mas só o éramos porque comíamos o que nos era dado e conseguíamos contar piadas, rir e cantar. Eu soltava as libélulas. Queria que voassem para procurar a própria comida e torcia para que um dia nós também fôssemos libertados.

Os alemães faziam rotineiramente a desinfecção dos barracões. Ao longo do corredor formado pelos beliches, colocavam bacias de alumínio cheias de enxofre. Ateavam fogo, apagando-o logo em seguida. A fumaça das brasas impregnava o ambiente. Ao penetrar pelas frestas das paredes, do chão, do teto e dos beliches, matava piolhos e percevejos. Os ocupantes não podiam entrar no barracão por 24 horas. Eram transferidos para outro, que já tivesse passado pela defumação. Podiam levar apenas utensílios para as refeições, documentos e fotografias. No fim de novembro chegou a vez do nosso barracão. Fomos transferidos para o de tia Lena e dormimos nos beliches deles, duas pessoas em cada leito. Papai dividia o colchão com Vova, mamãe com vovó, tia Lena com tio Tira, e eu "trividi" com Nina e Ludmila. Mas até aquela incômoda e constrangedora acomodação servia de pretexto para rir e brincar. De manhã, papai e tio Tira saíram muito cedo para trabalhar. Quando estávamos nos arrumando para ir buscar o café, papai voltou correndo e ficou parado na nossa frente. Mamãe perguntou se havia se esquecido de pôr a gravata e todos riram. Mas ele permaneceu imóvel e mudo. Seu olhar vagava de mamãe para mim, de mim para Ludmila, de Ludmila para mamãe. Parecia bêbado ou demente. Paramos de rir e mamãe gritou:

— Sacha, o que houve?!

— Nós nos tornamos mendigos... — balbuciou ele com uma voz irreconhecível.

Contou que os alemães haviam acendido o enxofre, mas se esqueceram de apagar as chamas. Todas as bacias de alumínio derreteram e incendiaram nosso barracão de ponta a ponta. Na noite fria e seca, ele queimou mais rápido que nosso curral de Guigánt. O nosso ficava numa das extremidades do campo e o dos meus tios na outra. Vovó ficou com Ludmila e corremos para lá.

Das cinzas fumegantes projetavam-se ferros retorcidos e o fogão de ferro-gusa. Vários dos ex-ocupantes reviravam as cinzas à procura de seus pertences. Papai, depois de vasculhar muito tempo, achou nosso samovar, totalmente inutilizável. Achou a cigarreira de prata que era do pai dele e os olhos de vidro da boneca que eu dera para minha irmã. E mais nada. Entregou tudo para mamãe e repetiu várias vezes:

— Mendigos... Está vendo? Nós nos tornamos mendigos!

— Nós nos tornamos mendigos? Como? Mendigos nós já éramos! Afinal de contas, o que foi que perdemos? Um casaco, um par de sapatos de inverno, mudas de roupa, três cobertores e três lençóis com os quais fiz as trouxas lá na Ucrânia. Se sobrevivemos até agora, não será a perda destas coisas que nos matará! O mais importante é que estamos vivos e juntos!

As sábias palavras de mamãe me reconfortaram.

— Mendigos... Mendigos, sim... Estamos só com a roupa do corpo... — repetia papai, como se o incêndio fosse culpa sua.

Foi a única vez em que vi meu pai mostrar desespero. Aquilo me assustou. Olhava para os dois e pensava como eram diferentes. Tinha vezes que mamãe parecia mais forte, mais sábia e mais decidida do que papai. Ou será que ambos eram sábios, só que mamãe era mais prática e papai mais poético?

Os alemães liberaram meus pais do trabalho naquele dia. Fomos transferidos para outro barracão menor, com beliches de ferro. Em vez de tábuas, eles contavam com uma rede de metal, por isso o colchão de palha parecia mais macio. Recebemos dois beliches. À noite, papai me lembrou mais uma vez sobre a importância dos estudos e da leitura. Reforçou sua máxima de que "nada nem ninguém pode tirar o que está na sua cabeça" e deu como exemplo a terceira perda total dos nossos bens. Mamãe concordou, mas acrescentou que os conhecimentos só terão valor se forem aplicados na prática.

No dia seguinte os alemães deram, para cada um de nós, um par de sapatos grossos, duas mudas de roupa, duas meias e um casaco. Pronto. Já não éramos mais mendigos. Sábia e prática, mamãe tinha razão. Valente Valentina! Sábio, culto e inteligente, papai também tinha razão. Filosófico Alexandr!

A partir de 1943, o rumo da guerra inverteu-se na Europa. Além de grandes perdas na Frente Leste (União Soviética), a Alemanha começou a sofrer a derrota na Frente Oeste (Europa Ocidental). Seis de julho de 1944 ficou conhecido como o Dia D, quando ingleses e americanos desembarcaram na Normandia. Era o começo da libertação dos países ocupados por Hitler.

O inverno de 1944 não mostrou tanto vigor quanto os invernos ucranianos, mas não deixava de ser inverno: chuva, vento, neve e geadas. Os bombardeios, mais frequentes e prolongados, mal deixavam tempo para ficarmos nas filas de comida e muito menos para conferir os montículos de gelo nas latrinas. Meus livros e cadernos foram queimados no incêndio, e papai não conseguia concluir o relato de um livro sequer. Ludmila continuava muito fraca e passava o tempo todo deitada.

Em janeiro de 1945, os russos tomaram Varsóvia. O Exército Vermelho avançava e, antes que ocupassem o restante da Polônia, os alemães começaram a deslocar todos os *Ostarbeiter* para a Alemanha. Era o deslocamento do *Ost* para o *West*, do leste para o oeste. Para mais longe do front. Às mulheres, às crianças e aos velhos foi dada uma diretriz: apresentar-se no campo dos *Ostarbeiter*, em Braunschweig, na região de Harz, noroeste da Alemanha. A mais de mil quilômetros de onde estávamos. A maioria dos homens — entre eles papai e tio Tira — teve que permanecer nos postos de trabalho até segunda ordem. O medo de cair nas mãos do Exército Vermelho era bem maior do que seguir as ordens nazistas. Além do mais, aquela seria uma possibilidade de nos aproximarmos o máximo da Frente Oeste, ao encontro de americanos e ingleses. Em fevereiro, mais uma vez me vi numa estação de trem. Mais uma vez numa evacuação. Mais uma vez sem papai.

Só que daquela vez não seríamos transportados em trens de gado como antes. Teríamos que ir a pé à estação ferroviária da cidade e pegar qualquer comboio cujo destino fosse o noroeste. Os alemães nos forneceram os cartões de refeições, os papéis com nossos nomes e as especificações do destino e... virem-se! Ah, sim, acrescentaram ainda que era proibido levar qualquer volume nas mãos — no máximo uma mochila com os documentos, cartões de refeições, fotos, a caneca, o prato, a colher e o que de mais valioso coubesse nela.

"Há males que vêm para o bem", dizia mamãe ao nos vestir com todas as roupas que tínhamos. Todas mesmo. Tudo o que nós possuíamos estava em nossos corpos. Várias meias, calças, blusas, vestidos, casaquinhos e casacões. O restante dos parcos pertences foram consumidos pelo fogo. E não foi nada doloroso largar o samovar que estava totalmente inútil. Já as outras pessoas, as que foram poupadas do incêndio, tinham que deixar para trás alguns de seus pertences. Creio que tenham sofrido mais do que nós nos preparativos de retirada. Tinham que escolher o que levar.

Era uma fuga em massa. Nas plataformas da imensa estação central de Katowice, aglomeravam-se multidões de civis alemães e poloneses, misturadas às *Ostarbeiter* ucranianas e russas. Na sua grande maioria, eram mulheres, crianças e idosos. Os trens não tinham horário, só destino: noroeste. Eram trens de passageiros, liberados a todos. Sem passagens. Bastava esperar por um e tentar entrar. Foi quando vi o primeiro cartaz de "Achtung! Feind Hört mit!" ("Cuidado! O inimigo também ouve").

Quando um trem chegava, a multidão avançava e as pessoas eram empurradas para dentro dos vagões. Diante de cada porta havia dezenas de refugiados se acotovelando, xingando, gritando, na tentativa de entrar no vagão. As mulheres empurravam seus filhos para dentro e tentavam entrar em seguida. Os primeiros a conseguir entrar sentavam. O restante do espaço era logo preenchido por pessoas em pé, espremidas como sardinha em lata. Os que conseguiam sentar seguravam alguma criança no colo.

Depois de 300 quilômetros nosso trem parou em Mikolasdorf (atual Mikoszow), cidade a 25 quilômetros de Breslau (hoje Wroclawia). Avisaram que aquela seria a estação final. Todos deveriam desembarcar e esperar um trem para o noroeste. A estação era uma pequena construção na frente de uma única e estreita plataforma. Havia uma sala de espera com alguns poucos bancos e a janelinha do guichê, que estava fechada. A multidão que saiu do trem ocupou toda a sala. À espera de uma composição para noroeste, ficamos no local por dois dias e uma noite. Deitávamos no feno espalhado pelo chão, embolados uns aos outros, e cheguei à conclusão de que dormir em cima das trouxas era melhor.

Na hora das refeições, formava-se uma fila, assim como no Ostarbeiterlager. Cada um se aproximava de uma bancada sobre a qual imensas panelas com sopa fumegavam. Alemãs uniformizadas, com a insígnia NSV (*Nationalsozialistische Volkswohlfart*, Bem-estar do Povo do Nacional-socialismo) no peito, vertiam com uma grande concha sopa no prato dos refugiados. Pareciam as mulheres do Exército da Salvação. E eram. As mulheres da NSV foram nossa salvação durante toda a viagem até Braunschweig.

A sopa era mais gostosa do que a do campo. Podia ser de ervilha ou lentilha com batata, cenoura e pedaços de salsicha. Mamãe ficava com Ludmila no colo e eu ia para a grande e lenta fila. Chegada minha vez, recebia sopa e levava para mamãe, pegava o prato dela, entrava na fila, recebia a sopa e levava para mamãe. Pegava o prato de Ludmila, entrava na fila, recebia a sopa e finalmente sentava no chão e comia. Em cada refeição o ritual se repetia. Eu encarava nove filas por dia.

Quando em uma tarde o tão esperado trem chegou, mais uma vez houve empurra-empurra. Mamãe, com Ludmila no colo, conseguiu sentar. Fiquei em pé, espremida entre vários adultos. Até no toalete do vagão havia gente acomodada. À noite, durante os ataques aéreos, o trem parava. O fogo da caldeira era apagado para a fumaça e as faíscas da chaminé não denunciarem a posição do comboio aos bombardeiros aliados.

Foi numa das paradas, no meio da floresta coberta de neve iluminada pela lua, que eu disse à minha mãe que precisava fazer xixi. Ela pediu para eu aguentar até a parada de alimentação seguinte. Respondi que já segurara o máximo, mas que chegara a tal ponto que não dava mais. Logo eu ia fazer nas calças. Abriram a porta do vagão e me baixaram.

— Mija logo! — gritavam para mim.

Mas "mijar logo" mostrou ser uma tarefa difícil. A neve chegava até meus joelhos. Para um homem, urinar naquela situação não seria nenhum problema. Para mim, no entanto, era um problemão. Levantei o casaco, o vestido, a saia e segurei-os com o queixo. Desci a ceroula, uma calcinha, outra calcinha e me agachei, as pernas afastadas. Meus olhos estavam na altura das rodas do trem. Urinei com o meu traseiro tocando a neve. Parecia que não ia acabar nunca. O alívio de esvaziar a bexiga foi tão grande que ri. Ergui-me e, feliz da vida, admirando o brilho da neve ao luar, comecei o ritual inverso. Puxei e vesti a primeira calcinha e, quando começava a puxar a segunda, vi as rodas do vagão começarem a se mover lentamente. A composição era muito longa, composta por quarenta vagões, e o movimento das rodas aumentava gradativamente. Da porta aberta do vagão, várias mãos se estendiam para me pegar.

— Corre! Corre! — gritavam.

Correr como? A neve ia até os joelhos e a ceroula arriada impedia meus passos. A saia, o vestido e o casaco dificultavam os movimentos necessários para puxar a ceroula e liberar as pernas para correr. Consegui puxar a ceroula até a cintura, deixei cair as saias e o casaco e, com os braços esticados para o trem, tentei correr ao longo das rodas.

Aterrorizada, vi que meu vagão já havia passado. As portas dos outros vagões se abriam. As pessoas gritavam, esticavam os braços e eu tentava alcançá-los sem sucesso. Um vagão após o outro passava por meus olhos. Cada vez mais rápido. De repente, minhas mãos conseguiram se agarrar às de alguém de um dos últimos vagões. Como num filme de ação, fui içada para dentro. Estava sem fôlego, não conseguia pronunciar uma única palavra. Fiquei petrificada.

Não chorei, pois vi que estava salva no mesmo trem que minha mãe, mas em outro vagão. Eu tremia, abraçada pelas mãos que me içaram. Bastava esperar a próxima parada e eu estaria com mamãe de novo. Em pior situação estava ela, que não sabia que eu fora resgatada e estava no mesmo trem. O reencontro se deu na parada de alimentação.

De longe, avistei mamãe com Ludmila nas costas. Corri ao encontro delas e me agarrei à sua cintura. Mamãe chorava e me abraçava, não queria me largar. Mas eu não podia ficar muito tempo em seus braços; tinha que assumir logo minha função na fila, senão ficaríamos sem comer. Com a vertiginosa sucessão de acontecimentos e da luta pela vida, o incidente do xixi na neve foi aos poucos se apagando da memória. Até ser esquecido totalmente.

Em 1965, fui assistir no antigo cine Vitória, na rua Senador Dantas, ao filme *Dr. Jivago*, de David Lean. Nas cenas da ida de Jivago (Omar Sharif) com a família para a Sibéria, o trem de gado, o vagão coberto de feno, o balde para as necessidades dos ocupantes, eram iguaizinhos aos do trem que nos transportou da Ucrânia para a Polônia. A composição fez uma parada numa pequena estação e, quando partiu, uma mulher começou a correr pela neve atrás dele. Da porta aberta do vagão de Jivago, várias mãos se esticavam para a mulher. Até ela ser içada para dentro.

Olhava a mulher correndo, os braços esticados, e comecei a chorar convulsivamente. O restante do filme eu não vi. Chorei sem parar até o fim da sessão. Quando as luzes se acenderam e me olhei no espelho, não reconhecia meu rosto. Via uma cara deformada: os olhos eram duas frestas vermelhas. O nariz, inchado e vermelho, tocava os lábios também inchados. Baixei a cabeça e esperei o início da sessão seguinte. O filme começou e tudo ia bem até a cena da mulher de braços esticados, correndo na neve atrás do trem.

Comecei mais uma vez a chorar e não via mais nada. Chorava. Fiquei para a terceira sessão. Apesar do choro na mesma cena, consegui ver o filme até o fim. Saí menos inchada, porém muito comovida. Revivia uma cena de vinte anos antes! Nunca tinha pensado que ela pudesse ter sido tão traumática para mim. Quando surgiu o videocassete, aluguei o filme e o revi várias vezes. Só o devolvi quando parei de chorar na cena da mulher sendo içada para dentro do vagão.

Nosso trem só parava para as refeições e durante os frequentes ataques aéreos. Mas o tempo das paradas era longo. Assim percorremos centenas de quilômetros. Passamos por Dresden, Leipzig e paramos em Haale, às margens do rio Saale. Repetiu-se a história de Mikolasdorf; todos tiveram que abandonar o trem e aguardar o próximo.

A estação de Haale era muito maior do que a de Mikolasdorf. Havia várias plataformas e um imenso salão que integrava a sala de espera com o restaurante e o bar. O salão estava repleto de refugiados e militares. Enquanto em Mikolasdorf uma sala de espera exclusiva era destinada aos ocupantes do nosso trem, ali tivemos que dividi-la com centenas de pessoas trazidas por outras locomotivas. Longas mesas, com bancos de ambos os lados, preenchiam quase todo o espaço do salão. E todos já estavam ocupados.

Mamãe deitou Ludmila no balcão do bar e ficou em pé ao lado. Havia uma longa mesa perto de mamãe. Um homem sentado na ponta do banco moveu-se para o lado e abriu uma nesga para mim. Sentei, forrei a mesa com meus braços dobrados, repousei a cabeça sobre eles e dormi.

Quando chegava a hora das refeições, eu ia para a fila e mamãe sentava no meu lugar. Ele não podia ficar vazio por um instante sequer. O mesmo ocorria com as outras pessoas. Quem não conseguia um lugar no banco sentava e deitava no chão, em cima do feno amontoado ao longo das paredes.

Cada trem que chegava trazia nova leva de pessoas. O fluxo de desembarque era superior ao de embarque para o norte e o noroeste. O intervalo entre as partidas era de horas. Um alto-falante anunciava o destino e o número da plataforma. Mas nenhum dos anunciados servia para nós. Nosso destino, Braunschweig, ficava a 200 quilômetros de Haale.

Ao anúncio de cada partida, ocorria um remanejamento de assentos. As pessoas a quem o destino servia levantavam e corriam para a plataforma. Com isso, liberavam os lugares nos bancos. Os que estavam no chão levantavam e corriam para ocupá-los. Mamãe sentou perto de mim algumas horas depois da nossa chegada e deitou Ludmila na mesa. Quando eu ia para a fila, mamãe colocava Ludmila no meu lugar. Fazíamos o mesmo na hora de ir ao banheiro.

E assim permanecemos por três dias. Nós e outras centenas de pessoas. O zum-zum-zum das vozes abafadas produzia um efeito hipnótico. De repente, porém, a monotonia foi quebrada por um tiro. Um soldado deu um tiro na própria cabeça no meio do salão. Suicidou-se na frente de todo mundo. Na minha frente. Mal ele caiu, vários soldados vieram e carregaram seu corpo para fora.

O suicídio do oficial provocou outro: um velho sentado no feno soltou um berro animalesco e caiu deslizando pela parede. Vi a parede atrás dele ser regada de vermelho. O sangue esguichava do pescoço. Como a água de um hidrante. Testemunhas contaram que ele enfiara a ponta de uma imensa tesoura na garganta. Ao fechar a lâmina, a jugular foi cortada. Não tenho certeza se assim ocorreu, mas sei que o sangue esguichava do pescoço do homem. Os soldados, ao arrastarem o corpo do velho, espalhavam feno por cima da trilha de sangue.

Fiquei espantada com o fato de ninguém se mexer. O cansaço e a indiferença eram visíveis nos rostos ao redor. Depois compreendi: todos tinham medo de se afastar e perder o lugar no banco. Nem durante os intermitentes ataques aéreos as pessoas sentadas se mexiam.

No terceiro dia, finalmente anunciaram nosso trem. Corremos acompanhadas pela multidão que aguardava o mesmo destino. Conseguimos entrar num dos vagões. Mamãe e eu tivemos a sorte de sentarmos juntas. Pela janela eu observava o tumulto na plataforma. Testemunhei uma alemã, rodeada de cinco crianças e um bebê num carrinho, tentando entrar. Ela empurrava os filhos para dentro do vagão. No entanto, quando o quinto embarcava, a composição começou a se mover. Correndo ao lado do trem, ela conseguiu empurrar o quinto filho. O carrinho havia ficado alguns passos para trás. Nunca mais esqueci a expressão de desespero no rosto da mulher. Ela olhava para o carrinho, para o vagão em movimento que levava os cinco filhos e de novo para o carrinho. Numa fração de segundos, a mulher tomou uma decisão e pulou para dentro do vagão. Até hoje penso: "Será que a 'escolha' daquela mulher foi mais fácil que a de Sofia?"

Deixamos Haale em 13 de fevereiro de 1945. Naquela noite, a histórica cidade de Dresden começava a ser destruída pelo bombardeio de 1.200 aviões britânicos e americanos. Cada ataque durava 14 horas ininterruptas. Chamado de Thunderclap — popularmente conhecido como "bombardeio em tapete" —, arrasou a cidade e matou 35 mil pessoas. A estação de Haale também foi totalmente destruída algumas horas depois de nossa partida. Provavelmente as mulheres do NSV e o bebê deixado para trás não sobreviveram. Por que escapamos? Sorte? Destino? Mão de Deus? Até hoje não sei.

"Salvamentos" no último minuto, quando parece não haver mais saída, têm sido uma constante em minha vida. Sempre digo que antes de cair no abismo uma mão invisível vem me içar. Iça, mas não segura por muito tempo. Põe de novo no chão e... vire-se! Ao desembarcar em Braunschweig, fomos informados que nosso destino, o campo

Schutzenplatz, ficava do outro lado da cidade. Ventava muito e caía uma neve molhada que mais parecia chuva. Tínhamos que chegar ao campo antes da noite e do toque de recolher. Na saída da estação, encontramos tia Lena com vovó, Nina e Vova. Estávamos no mesmo trem, mas em vagões diferentes. Vova apareceu com um pequeno carro de carregar malas. Provavelmente o roubara de alguém. Vovó, com Ludmila no colo, sentou-se no carrinho e, a galope, em poucas horas atravessamos a enlameada cidade.

Ao entrar num dos maiores campos que eu vira até então, com capacidade para 1.500 pessoas, apresentamos os documentos e fomos levados ao nosso barracão. Nossa entrada voluntária pelo portão do campo me fez lembrar de nossa vaca Rosa, que em Guigánt, ao voltar do pasto, entrava sozinha no quintal e seguia direto para o curral. O Schutzenplatz era um imenso campo de triagem. As pessoas permaneciam por alguns dias e depois eram redistribuídas e transferidas para um campo definitivo, onde começariam a trabalhar.

Três dias após nossa chegada ao Schutzenplatz, papai e tio Tira entraram no nosso barracão. Foi uma visão assustadora. Papai, amparado por meu tio, mal arrastava as pernas. Meu tio o arriou no beliche com sapatos e papai desmaiou em seguida. Segundo tio Tira, logo depois da nossa partida todos os homens *Ost* foram levados em caminhões para a estação. Os russos estavam nos arredores da cidade e havia tiroteio nas ruas, entre os alemães e os francoatiradores. Papai foi ferido no peito por uma bala perdida. Examinado no posto médico da estação, disseram a ele que o projétil não podia ser retirado. Desinfetaram o ferimento, fizeram bandagens e o levaram para o trem. Quando era preciso andar, tio Tira carregava meu pai nas costas. Milagre ou não, aquele era nosso terceiro reencontro. Nem questiono como. Simplesmente aceito o fato. Era sempre assim.

Já em Braunschweig, papai passou por exames médicos e, apesar da bala no peito, foi considerado apto para trabalhar. Mas após cada curativo a bandagem apresentava uma mancha vermelha de sangue que insistia em se infiltrar na gaze. Mamãe se lembrou dos grãos de permanganato que tia Anfissa lhe dera na despedida. Diluiu os grãos escuros na água e com a solução cor de beterraba fez compressas durante a noite toda. No dia seguinte, o buraquinho no peito não sangrava mais. Parecia cauterizado. Mas toda a pele em volta ficara negra.

Permanecemos em Braunschweig por poucos dias. Fomos transportados em caminhões militares para Salzgitter, a 30 quilômetros. De início nos levaram para um grande campo de poloneses, o N1, onde todos usavam um "P" vermelho no peito. Dois dias depois, seguimos a pé até um campo misto de "P" e de *Ost*, o N12. Tudo era muito confuso. Ninguém sabia se ficaríamos ali, e até aquele momento ninguém trabalhara.

Quando as sirenes uivavam anunciando os bombardeios, mamãe corria para as trincheiras com Ludmila no colo. Mas, alegando extrema fraqueza e cansaço, papai se recusava a sair do barracão. Eu permanecia com ele. Deitávamos no chão, sob o beliche, e ele contava algum livro. Só para mim. Era uma delícia. Enquanto não trabalhava, seguia convalescendo, deitado com as compressas de mamãe. E eu ia para as filas, responsável agora por quatro pessoas. Doze filas por dia! O que sobrara da vitamina C mamãe dividia entre papai e Ludmila.

No fim de fevereiro, os alemães fizeram uma "peneirada" intelectual. Separaram dos campos da região as famílias de *Ost* consideradas de "alta qualificação". Médicos, engenheiros, arquitetos, professores universitários e cientistas foram reunidos no minúsculo campo, o N49, sem trincheira, colado à pequena aldeia de Gitter, a 2 quilômetros de Salzgitter. A minha família, a de tia Lena, a de Lyuda, de Dima, de Doktor Varva e de várias pessoas que conhecíamos da Ucrânia ou de Katowice ficaram alojadas no N49 ou em seus arredores.

Todos os *Ostarbeiter*, russos e ucranianos, que não couberam no nosso campo, apesar de listados no N49, foram alojados pelas redondezas. Em Salzgitter, os russos moravam numa casa de dois andares e vários cômodos. Era um cômodo para cada família. Como o nome do antigo proprietário era Kitz, a casa passou a ser chamada de Kitzenhaus. Em Ringelheim, outro vilarejo perto de Gitter, um grande castelo em um parque diante de um lago foi desocupado. Em cada um dos cômodos uma família ucraniana foi "assentada". As cozinhas das duas residências eram comunitárias, como as dos *komunalki* da União Soviética.

Doktor Varva, que examinava papai sistematicamente, disse que a bala devia ter se alojado no pulmão, próximo ao coração. Apesar do ferimento, papai foi designado para trabalhar como mineiro na extração do minério de ferro na empresa Erzbergbau Salzgitter. Cada dia mais magro, ele tossia muito, porém não se queixava. Mamãe dava sua sopa para ele, e eu dividia a minha com ela. A margarina, as rodelinhas de salsichão e os pedaços de marmelada iam todos para ele. Papai queria dividir com Ludmila, mas ela mal conseguia comer a própria porção.

O front estava pertíssimo. Aconteceu numa manhã de abril. Batalhas eram esperadas, mas não houve tiros, só silêncio. Todos foram liberados do trabalho e, sem maiores explicações, foi dada uma ordem para que se abrigassem. Ninguém entendeu. Por que se abrigar se não havia tiroteio nem bombardeios? Como o campo não tinha trincheira, nosso abrigo era o chão, embaixo dos beliches. Não houve apitos de sirene. Reinava o som do silêncio, esmagador. Ninguém falava, ninguém se mexia. Aguardava-se não sei o quê. E o não saber foi apavorante. De repente ouvi a porta do barracão ser aberta e vi um par de botas andar entre os beliches. O dono das botas se pôs de joelhos e olhou sob nosso beliche. Era um rosto pálido cheio de espinhas e olhos esbugalhados de um jovem soldado alemão. Com as mãos, fazia gestos para sairmos.

— Bitte, bitte, comm, comm (Por favor, por favor, venha, venha.) — dizia.

Parecia gago. Sentou na beira do beliche e, enquanto rastejávamos para fora do "abrigo", ele já tirava as botas, a camisa e começava a baixar as calças. Em pé, de cuecas e meias, o corpo magro tremendo como vara verde, juntou as roupas e as jogou por baixo do nosso beliche. Não devia ter mais do que 14, 15 anos. Não devia ser gago, mas repetia com a voz entrecortada:

— Bitte, bitte, die Amerikaner sind da. Bitte, bitte, ein Zivilienhemd, eine Zivilienhose, bitte. (Por favor, por favor, os americanos estão aqui. Por favor, por favor, uma camisa civil, uma calça civil, por favor.)

Juntou as mãos em oração e esperou. Não era um soldado que estava na minha frente; era uma criança grande e assustada.

Papai lhe deu uma calça sua e alguém jogou uma camisa.

— Danke! Danke! (Obrigado! Obrigado!) — repetia, enquanto se vestia, apressado.

Magro, desgrenhado e vestido com as roupas que pertenciam a homens bem maiores, ele parecia um dos espantalhos que eu via nas plantações da Ucrânia. Entendi que meu pai e outro homem tinham acabado de salvar a vida de um menino. Apesar de não saber o que iria nos acontecer em seguida, senti uma admiração, um orgulho e uma doce onda de amor por meu pai. O menino pegou sua mochila e correu até a porta. Parou de repente. Voltou e, repetindo "Danke! Danke!", abriu a bolsa e me entregou um livro grosso e pesado de capa dura. Repetiu "Danke! Danke!" e saiu correndo descalço.

O livro havia sido impresso no fim do século XIX, em letras góticas. Era a obra completa de contos dos Irmãos Grimm. O que um livro infantil estava fazendo na mochila de um soldado de Hitler? Vai ver que graças à leitura daquela obra o soldado-menino alemão evitou ser capturado como prisioneiro de guerra pelos americanos.

Cansados da incerteza provocada pelo silêncio, alguns homens se arriscaram a entreabrir a porta e espiar o lado de fora. Não se via um soldado sequer. Nem a eterna sentinela estava na guarita junto à cancela. Nenhum movimento na rua de terra batida que separava o campo da aldeia.

Os homens saíram e foram examinar atrás do barracão, junto à cerca de arame farpado, do lado oposto da guarita. Por trás da cerca havia uma plantação de beterrabas e batatas. Logo adiante, um caminho de terra ao longo dos trilhos da estrada de ferro levava a uma floresta de pinheiros. Em toda parte imperava o silêncio e não havia qualquer movimento.

Sem saber o que fazer, aos poucos todos começaram a sair dos barracões. No entanto, ninguém se atrevia a deixar o campo. Até o silêncio ser quebrado. No início fraco e gradualmente mais alto, ouviu-se um ronco de motores, seguido por uma fileira entremeada de tanques, jipes e caminhões. O comboio fluía lentamente pela estrada de terra nos fundos do campo. Pela distância, não dava para saber que veículos eram aqueles.

As pessoas pareciam baratas tontas. Umas correram de volta para os barracões, outras grudaram na cerca. Ao constatar que sobre os veículos não havia nem a cruz preta no círculo branco nazista, nem a estrela vermelha do Exército soviético, deduziram que não eram alemães. Tampouco russos. Ao ouvirem os gritos de "os americanos estão chegando!", começaram a se abraçar. Todos em volta também estavam pulando e se abraçando.

Ao entrar na estrada de asfalto que ligava Gitter a Salzgitter, os veículos se dividiram. A maioria virou para a esquerda rumo a Salzgitter. Alguns tomaram a direita, em direção a Gitter. Mas um tanque e vários jipes entraram na estrada de terra que levava ao nosso campo. A cancela foi aberta, e em questão de minutos o N49 foi ocupado por um barulhento e risonho bando de jovens soldados americanos.

Eles se espalharam pelo campo, vasculhando todos os barracões à procura de soldados alemães. Entraram também no nosso barracão, o primeiro a partir da cancela. Com espanto e perplexidade, eu observava o comportamento deles. Eram tão diferentes dos militares soviéticos e alemães. A começar pela cor. Havia alguns negros entre eles. Nunca tinha visto um negro antes. Apenas nos livros. O que mais chamou a minha atenção foi que todos os americanos mastigavam algo, sem parar. Naquele momento eu era apresentada à goma de mascar. Os oficiais tiravam dos bolsos caixinhas amarelas e ofereciam às crianças.

Por fim, largaram os rifles encostados na parede — algo que alemão ou russo jamais faria —, esparramaram-se nas poucas cadeiras em volta da mesinha, sentaram na beirada dos beliches e, mascando sem parar, disseram:

— Americans! Do you speak English? English, please!

As duas ocupações que eu presenciara — a de Stálino pelos alemães e a de Gitter pelos americanos — ocorreram em silêncio. Ambas as cidades foram tomadas sem que nenhum tiro fosse disparado. Só que dessa vez papai estava conosco.

Fotos 21 e 22: A família Popow em dois momentos: em agosto de 1941, após o início da guerra, e em agosto de 1945, depois do término do conflito

Capítulo 8

A partir da chegada dos americanos, um novo ritmo de vida foi estabelecido. Um casal com cabelos brancos, professores de inglês, servia de intérpretes entre nós e os soldados. Elaborou-se a listagem de todos os ocupantes do campo. Os americanos ordenaram uma reunião entre os adultos para a escolha de um *camp leader*, um representante. Ele organizaria a vida no N49, além de ter o papel de intermediário entre a comunidade e as autoridades. A reunião foi realizada e papai foi escolhido pela maioria dos votos.

Ficou estabelecido que enquanto a guerra estivesse em curso deveríamos permanecer no mesmo campo. Isto é, estaríamos livres para sair, mas tínhamos de voltar antes de anoitecer. O toque de recolher estava mantido. O campo teve o nome mudado para DP Camp N49 (*Displaced Persons,* "pessoas deslocadas"). Disseram que os representantes da Agência das Nações Unidas para Assistência e Reabilitação (UNRRA) viriam no dia seguinte. Os americanos foram embora e apenas um jipe permaneceu para fazer a ronda em Gitter e no entorno do campo.

Não éramos mais cidadãos soviéticos, ucranianos, *Ost*, e, sim, os indefinidos DPs. Poderíamos ter sido "deslocados" de qualquer lugar. Era o eufemismo para o que os alemães chamavam *Verschlepte Personen zur Zwangsarbeiten,* "pessoas designadas para trabalhos forçados". Depois de sermos *Ost* durante dois anos, passaríamos a ser DPs nos quatro anos seguintes. Um pouco adiante, de nossa saída da Alemanha até a naturalização no Brasil, nos tornamos *stateless*, "apátridas".

Papai organizou logo um grande mutirão. Naquele dia, a comida ainda não tinha sido distribuída e todos estavam com fome. Designou um grupo para tomar conta da cozinha e das despensas. A alimentação estava garantida por alguns dias. Os rolos de arame farpado em volta do campo foram retirados e restou apenas a rede de arame. A cancela ao lado da guarita também foi preservada. Um escalonamento de vigias da cancela foi estabelecido. Um dos ocupantes do campo ficava sempre na guarita, à guisa de porteiro. Sua função era estar atento para que ninguém de fora se juntasse aos moradores do DP N49, assim como ninguém do campo saísse depois do anoitecer.

Como foi dito que eram permitidas modificações nos barracões, o interior de cada um deles foi transformado em poucas horas. Com o uso de tábuas foram levantadas divisórias, de modo que cada barracão passou a ter oito cômodos, ocupados por uma ou duas famílias. Uma votação de remanejamento das famílias foi realizada, decidindo-se quem ficaria com quem no mesmo espaço. Graças à capacidade de organização e liderança do meu pai, tudo foi feito no primeiro dia da ocupação americana.

A família de tia Lena passou para nosso barracão e, pela primeira vez desde Petrovka, estávamos juntos de novo. Papai, tio Tira e Vova dividiram nosso espaço em três cômodos: sala e dois quartos. A sala ocupava toda a largura do barracão e tinha uma mesa, cadeiras e a cama de vovó. A parte inferior de um beliche servia de cama à noite e de sofá de dia. Durante as refeições, aquela era nossa sala de jantar, mas também era utilizada como escritório de papai, além de oficina de costura de mamãe.

Os dois quartos — onde não cabia nada além de dois beliches — acomodavam minha família e a de tia Lena. No nosso, havia uma pequena mesa e uma cadeira entre os beliches, e no de tia Lena tinha um armário estreito para guardar vestidos. Nos dois quartos prateleiras foram improvisadas com tábuas nas paredes. Guardávamos ali nossos pertences. Para chegar ao meu quarto era preciso passar pela sala e pelo quarto de minha tia.

Os dois meses de permanência dos americanos acabaram se revelando caóticos. Enquanto os alemães nos alimentavam regularmente com as parcas rações que continham o mínimo de calorias por dia necessárias à sobrevivência, nunca sabíamos quando e o que os americanos iam nos trazer. A chegada de um caminhão era seguida pela formação de uma fila — como na União Soviética —, sem que se soubesse o que seria distribuído. Podia ser açúcar ou outro alimento qualquer. E só. Distribuíam e iam embora. Ponto. Para conseguir outros gêneros alimentícios, começamos a praticar o escambo com os alemães de Gitter. Além de duas ou três grandes casas de fazendeiros locais, todas as outras da aldeia tinham um pomar e uma criação de pequenos animais. Trocávamos açúcar ou chocolate por batatas, um pedaço de toucinho, ovos ou outro alimento. Misturávamos os alimentos trocados e conseguíamos comer algo mais substancial.

Certa vez chegou um caminhão de tâmaras. Cada família recebeu uma bacia cheia. Eu nunca tinha visto uma tâmara, muito menos comido. Adorei. Fiz até uma maldade com Ludmila, só para me garantir mais frutas. Perguntei se ela sabia onde cresciam e como eram colhidas as tâmaras. Quando ela respondeu não saber, contei que cresciam na África e inventei uma historinha tão nojenta que lhe tirou qualquer vontade de prová-las.

Contei que, sob um sol escaldante, os africanos, mais negros do que carvão, subiam nas palmeiras, arrancavam as tâmaras e as jogavam no chão. Depois desciam e, com suor escorrendo pelo corpo, pisoteavam-nas com os pés nus e feridos pelo tronco. Por isso as frutas tinham o aspecto comprimido e amassado. Ludmila se recusou a comer as tâmaras e eu passei a expiar minha culpa, dando para ela os chicletes e os chocolates que recebia dos soldados americanos.

Uma modificação radical foi feita no barracão que abrigava os guardas alemães, a cozinha e o salão de refeições. Os seis cômodos ocupados pelos militares passaram a acomodar seis famílias. A cozinha foi dividida em duas: metade foi destinada ao fogão, que passou a ser comunitário, e a outra foi convertida em capela. Um altar foi construído e um pedaço de trilho foi pendurado do lado de fora, junto à porta. Quando batiam com uma barra de ferro no trilho, o som era semelhante ao de um sino. Para espanto geral, encontraram o "absurdo dos absurdos" num dos quartos dos alemães: um piano. Então resolveram montar um palco para o instrumento no fundo do salão e deixaram livre todo o resto. O espaço servia de sala de reuniões e de escola.

As escolas alemãs estavam em férias de verão. Durante a guerra, elas funcionavam normalmente na Alemanha e na União Soviética. Mas como passamos muito tempo sem estudo sistemático, nossos pais resolveram começar logo com as nossas aulas.

Organizaram uma escola de três turnos. Na parte da manhã estudavam os "pequenos", como Ludmila. Era algo equivalente ao antigo primário. À tarde, era a vez dos "médios", como eu, Lídia, Dima e Mana. Tínhamos ali o antigo ginásio. À noite, estudavam os "grandes", a exemplo de Nina, Vova, Lutzi e Liónia (o Leo do telegrama). Naquele caso, seria o antigo segundo grau. Como não havia livros, sobretudo os didáticos, as aulas eram ministradas verbalmente. Dependiam da memória dos nossos professores, dos ex-*Ostarbeiter*, ou seja, os profissionais de "alta qualificação" que viviam no campo. Mas que memória fabulosa eles tinham.

— Há males que vêm para o bem — dizia mamãe.

O "bem", naquele caso, foram os professores. A imensa sorte que tive foi a de ser ensinada, durante mais de quatro anos, por professores universitários, mestres e doutores, cada um na sua área. Somente dois deles eram de fora. O de alemão, o professor Alexandr Jaeger, vinha de bicicleta de Lautentahl, um vilarejo a 10 quilômetros de Gitter, e o de catecismo, padre Ioán (avô de Lídia), vinha a pé de Salzgitter.

Ao longo de quatro anos, o coitado do professor Jaeger sofreu com minhas maldades. Ele nunca faltava. Vinha pedalando a bicicleta, fizesse sol, chuva ou neve, e a encostava na parede do corredorzinho da sala de aula. No recreio, eu furava um dos pneus com uma agulha e ele ficava horas a remendá-la. Mas não desistia e voltava no dia seguinte.

Não sei bem por que eu fazia essa maldade. Talvez fosse para mostrar aos colegas mais uma das minhas bravatas; ou porque eu achava não precisar mais de aulas de alemão. O fato é que por anos a fio carreguei a culpa. Só consegui me livrar dela em 1963, quando voltei pela primeira vez à Alemanha.

Foi num domingo que cheguei a Lautentahl, sem saber se o professor estava vivo e se ainda morava lá. Perguntei às pessoas na rua se alguém o conhecia. Conheciam. Disseram que era diretor da escola local e me forneceram seu endereço. Fui direto à sua casa e foi ele quem me abriu a porta. Ao saber quem eu era, abriu um sorriso de orelha a orelha e me deu um abraço apertado. Seu abraço aumentou minha culpa. Perguntou por meus pais e tios e me convidou para almoçar com sua família, que já estava sentada ao redor da mesa.

Apresentou-me à mulher, aos filhos e aos netos como uma querida ex-aluna. A sensação de constrangimento se misturava à crescente culpa. Não conseguia olhar nos olhos de ninguém. Em pé diante da mesa, com a cabeça baixa e a voz embargada, disse-lhes que viera do Brasil até Lautentahl para pedir desculpas. E contei-lhes por quê. O velho professor me abraçou de novo e disse que sempre se culpara por ser imprudente e não olhar por onde pedalava, mas que jamais suspeitara de mim nem de meus colegas, e que me perdoava. Senti vergonha e chorei, mas a culpa foi embora e senti alívio. Eu também estava me perdoando.

Em 8 de maio de 1945, a capitulação da Alemanha foi assinada em Potsdam. Para o mundo inteiro a data ficou conhecida como o Dia da Vitória. Mas devido à diferença de fuso horário, quando o comunicado do fim da guerra chegou ao Kremlin já era 9 de maio. A campanha da Rússia (1941-1945) transcorreu somente entre o Exército alemão e o Exército Vermelho, que libertou a Polônia e os demais países do Leste Europeu, sem a participação dos Aliados. É por esse motivo que nas repúblicas da ex-União Soviética a Segunda Guerra Mundial é chamada de a Grande Guerra da Pátria, cujo fim é comemorado no dia 9. Em 9 de maio tem início um feriado nacional de três dias.

Até a capitulação alemã, os americanos administraram nossas vidas. Foi de um soldado que ouvi que nos Estados Unidos existia um rádio com uma pequena tela que transmitia imagens. Era chamado de televisão. Não consegui dormir naquela noite, de tão empolgada com a ideia de que era possível ter cinema em casa. Muitos anos depois, no Brasil, constatei que era verdade. Dos americanos também soube que os meninos alemães, quando viravam homens, brincavam de boneca. Acreditei e esperei acontecer. Constatei que era mentira.

O Tratado de Ialta, assinado em fevereiro de 1945 pelos "Três Grandes" líderes — Winston Churchill, Franklin Roosevelt e Josef Stalin —, dividia a Alemanha em quatro zonas de ocupação: soviética, britânica, americana e francesa. Decidiu-se também que todos os cidadãos que residiam na União Soviética até 1939 teriam que ser repatriados. Quisessem ou não.

Nosso campo ficava na zona britânica. Sorte nossa. A primeira medida dos ingleses foi reunir todos no salão e perguntar:

— Quem quer voltar para casa?

Duas ou três famílias quiseram. No dia seguinte, um caminhão militar inglês os levou à zona soviética, a 40 quilômetros de Salzgitter. Quanto aos demais, que não queriam voltar, os ingleses ficaram de achar um modo de contornar o Tratado de Ialta.

A simples ideia de voltar para a Ucrânia fazia meu pai suar frio. O filho de Stalin, o tenente Yakov Djugashvili, fora feito prisioneiro dos alemães na Bielorrússia logo após o início da guerra. Todos os prisioneiros soviéticos que não tentassem fugir eram considerados traidores. Quando, em 1943, os alemães propuseram trocá-lo pelo marechal Von Paulus, Stalin recusou. Ele declarou que "a União Soviética não tem prisioneiros, tem traidores da pátria", e que jamais trocaria um soldado por um marechal.

Se Stalin fez isso com o próprio filho, o que não faria com meu pai? Ele, que fora perseguido por ser filho de um proprietário de mina, provavelmente seria declarado traidor, colaborador, espião e inimigo número um da pátria. Não é de estranhar que até a morte em 1971 papai sonhasse que era seguido, agarrado, preso e torturado. Quando estava prestes a ser fuzilado, ele acordava.

O chefe do governo provisório britânico de nossa área era um judeu inglês, Simon Bloomberg. Lembro que seu uniforme ostentava várias condecorações e medalhas. Ele providenciou certidões de nascimento falsas para todas as crianças nascidas antes de 1939, que as declaravam polonesas. Aquele seria o álibi para os pais que, pela lógica, não poderiam estar morando na União Soviética antes de 1939. Ele renomeou nosso campo do oficial "russo/ucraniano" para o oficioso "polonês". Com certeza, o fato de eu e outras centenas não termos sido repatriados foi devido à Lista de Bloomberg, não menos importante do que a Lista de Schindler.

Mas o gesto de Bloomberg não detive os soviéticos. Eles insistiam em dizer aos ingleses que os ocupantes do DP N49 eram russos e ucranianos e exigiam que, em respeito ao Tratado de Ialta, nossa repatriação fosse efetuada. Os ingleses se faziam de desentendidos. Afirmavam que o campo era habitado por poloneses e convidavam sempre os soviéticos a fazer uma verificação. Mas antes achavam um meio de nos avisar. Geralmente telefonavam para a guarita. De vez em quando, tanques, jipes e caminhões soviéticos e ingleses cercavam o DP N49. Todos tinham que pegar seus documentos e se reunir no salão. Papai, como representante da comunidade, era o porta-voz. Quem não tinha filhos com a falsa certidão polonesa pulava pelas janelas e corria para a floresta. Escondia-se e voltava apenas depois da partida das viaturas.

Papai, que falava polonês, teve a cara de pau de pedir um intérprete, pois alegava não falar russo nem ucraniano. Os russos não acreditavam, provocavam e ameaçavam, mas ele não cedia e continuava "não compreendendo". Todo mundo havia sido instruído a como agir. Os adultos diziam ter perdido os documentos na guerra e "provavam" a origem polonesa munidos das certidões dos filhos.

Os americanos, ainda em lua de mel com os soviéticos, seguiam ao pé da letra o Tratado. Acabei sabendo que, apesar dos vários suicídios

Foto 23: Simon Bloomberg saindo do carro na porta do nosso barracão. Mamãe é a primeira à esquerda, tia Lena a quarta e vovó Anya a sexta

diante da obrigatoriedade de repatriação, os americanos lotavam trens e caminhões com russos e ucranianos e os mandavam para casa. A maioria deles ia direto para a Sibéria. Soube mais tarde, no Brasil, que uma família de Stálino que quis voltar acabou em Alma Ata, então capital do Cazaquistão, a milhares de quilômetros de Moscou. Felizmente aquela situação durou pouco. Logo após o início da Guerra Fria, os americanos interromperiam a repatriação forçada.

Foto 24: *Na plantação de tomates e girassóis de mamãe no campo N49*

A direção da UNRRA também ficou com os ingleses. A agência fornecia material para várias atividades artesanais: ferramentas de marcenaria, tintas, pincéis, linhas, agulhas de crochê e de tricô etc. Papai organizou um grupo que sabia trabalhar com madeira e pintura. Passaram a produzir e pintar caixinhas, cogumelos de madeira que serviam para cerzir meias (em substituição das lâmpadas queimadas utilizadas para este fim), capas para livros, molduras e outros objetos.

Mamãe, além de arquiteta, era uma exímia bordadeira. Reuniu 18 mulheres que sabiam costurar, bordar, tricotar e fazer crochê. Na nossa sala, elas confeccionavam pequenas peças como babadores, passadeiras de mesa e bolas recheadas de serragem. Os ingleses pagavam a mão de obra com gêneros alimentícios, além de fornecer mais material de trabalho. O resultado era dividido entre as famílias do campo, pois todos trabalhavam em alguma coisa: lecionavam, cuidavam da limpeza, consertavam sapatos etc. Até hoje não sei o destino dos produtos confeccionados, mas isso não importa.

Esporadicamente um caminhão da Cruz Vermelha nos visitava, carregado de roupas. Eram donativos de vários países. Formava-se uma fila e cada um recebia sua parte. Não era possível escolher. Independentemente da idade, cada pessoa recebia, por exemplo, dois vestidos, um casaco e um par de sapatos. Somente os pequenos podiam escolher um item do monte de roupas infantis. Ludmila escolheu um casaquinho vermelho. No bolso havia um cartão de uma menina americana. Durante muito tempo, minha irmã o mostrava para todo mundo.

Mamãe separava o que era de nossa serventia. Os outros itens ela destinava para sua oficina. Quando encerrava o dia de trabalho, mamãe recortava as roupas recebidas, rebordava e fazia crochê em volta. Babadores, toucas de bebê e porta-pentes ganhavam vida além de outros pequenos objetos utilitários.

A terra do campo passou a ser cultivada. Cada família recebeu um pequeno pedaço e podia plantar o que quisesse. Unimos nossa área à de tia Lena. Num cantinho, papai e tio Tira plantaram tabaco. Já mamãe e tia Lena preferiram tomates, pepinos, feijão-branco, abóboras e girassóis. Mas era o início do verão e faltava muito até a colheita.

A anemia de Ludmila não dava trégua. Ela então começou a receber transfusões de sangue uma vez por mês. Mamãe era a doadora. Doktor Varva dizia não ser o suficiente; minha mãe deveria ter uma alimentação reforçada com ferro e ingerir mais vitamina C.

A moeda alemã, o Reichsmark, tinha perdido todo o valor. Ainda em circulação, ela servia apenas para pagar os serviços essenciais — passagens, luz etc. Os gêneros alimentícios só eram vendidos para os portadores dos cartões de racionamento. Todos — os alemães e nós — recebíamos mensalmente um cartão com cupons de racionamento. Acabávamos levando vantagem porque além dos cartões recebíamos os *care packages* e, eventualmente, alguns produtos extras: roupas doadas pela ajuda humanitária e uma pequena quantia de Reichsmark para comprar víveres nas lojas.

A Cruz Vermelha Internacional passou a distribuir mensalmente os *care packages*. Recebíamos quatro grandes pacotes com latas de manteiga, leite em pó, leite condensado, leite evaporado (igual ao condensado, porém sem açúcar), ovo em pó, chocolate em pó, chocolate em barra, café solúvel, chá, duas latas de sardinha, duas latas de presuntada, chicletes e dois maços de cigarros americanos. Minha função era administrá-los. Foi quando pensei no escambo. Algo tinha que ser feito quanto ao reforço alimentício de Ludmila.

Não perguntei nada. Peguei uma lata de café e saí em campo. Fui bater na porta do principal fazendeiro de Gitter. Mostrei o produto e perguntei se ele gostaria de fazer um escambo: um bom alimento em troca da lata de café. Uma hora depois, eu voltava para casa com um frango abatido. O espanto agradecido de meus pais diante da minha iniciativa e a felicidade de Ludmila ao comer a carne foram minha recompensa. O suficiente para me sentir adulta e responsável. Tive orgulho de mim mesma.

Separei as latas de café, de chá e os chicletes numa caixa e disse que, dali em diante, eu passaria a fazer permutas. Papai me entregou os cigarros americanos. Eu já estava de olho neles, mas não tinha coragem de pedir. Aceitei pois sabia que ele fazia um sacrifício pela minha irmã. Arrumei uma bolsa pequena e uma grande.

Na menor colocava uma lata de café ou de chá, chicletes, cigarros avulsos, babadores ou outros artesanatos de mamãe. Todos os dias eu ia de porta em porta propondo o escambo. E voltava com a bolsa grande cheia de frutas, melado, garrafas de leite etc. Tornei-me uma perita em negociar: um cigarro por dois ovos, um chiclete por um saquinho de cerejas, uma lata de chá por um pote de mel, e por aí vai.

Assim, aos 11 anos, comecei a exercer minha primeira profissão — a de "sacoleira". Quando finalmente todas as casas de Gitter estavam repletas de babadores, passadeiras, bolas coloridas de feltro enchidas com serragem, porta-pentes de parede e outros artesanatos, tive que ir para mais longe. De bicicleta, ia para Lautentahl e Ringelheim. Às vezes, tomava o trem para Braunschweig e Wolfenbuettel. Àquela altura eu já me tornara o próprio caixeiro-viajante.

Em toda a minha vida fui roubada somente três vezes. O primeiro roubo e o que me doeu mais foi logo o daquela bicicleta. Papai a trocou com um alemão pela cigarreira de prata de vovô que sobrevivera ao incêndio em Katowice. Era uma bicicleta masculina, com um aro enorme para meus 11 anos, mas era minha primeira. Até então, eu não andava nem de triciclo. Aprendi sozinha, na estrada de terra nos fundos do campo. Caí diversas vezes, ralei os joelhos, as mãos e os cotovelos, mas não desistia. Numa das quedas, bati com a virilha na barra que liga o selim ao guidão. Nunca havia sentido tamanha dor. Fiquei deitada até a dor diminuir. À tardinha, já estava no campo pedalando.

Foto 25: *"Um cigarro por dois ovos, uma lata de chá por um pote de mel."* Com minha bicicleta eu fazia escambo nas redondezas do nosso campo. Aos 11 anos, era uma exímia caixeira-viajante

A bicicleta passou a ser nosso objeto mais precioso, e era eu quem a usava. Depositava os valores do escambo na malinha, fixava-a ao bagageiro, visitava meus "fregueses" e voltava com ela cheia de resultados ricos em calorias. Eu não usava a bicicleta somente para trabalhar. Meus pais tinham tanta confiança no meu bom-senso que jamais imaginariam a filha desafiando a morte. Se por um lado eu tinha atitudes de uma adulta responsável, por outro podia agir como uma criança sem nenhuma noção do perigo.

A entrada para Salzgitter se bifurcava na altura do DP N12. A via da direita, uma longa rua de paralelepípedos, levava ao Centro, e a da esquerda, asfaltada, continuava por fora da cidade. Apesar de ter que andar mais 3 quilômetros e subir uma ladeira, eu preferia ir por fora, pois sacolejava menos. Não foram poucas as vezes em que peguei "carona" com um caminhão. Agarrava com uma das mãos a caçamba e me deixava levar, passando pelo DP N1 até a segunda entrada, na outra extremidade da cidade. Naquela entrada é que ficava a Kitzenhaus. Eu costumava visitar três colegas da turma dos "médios" que moravam lá.

Para ir a Lautentahl, eu cortava o caminho pela floresta, em vez de seguir pelo asfalto. Ia por onde era mais fácil e divertido. Não pensava nos perigos que corria. Um dos meus maiores prazeres era acelerar, largar o guidão e entrelaçar as mãos na nuca. Certa vez, quando "voava baixo" por uma estradinha de terra, resolvi incrementar: além das mãos na nuca, coloquei os pés no guidão. Chovera na véspera e os pneus dos caminhões fizeram duas trilhas fundas e lisas no leito da estrada. O sol secara as beiradas das trilhas e a roda da bicicleta roçou numa delas. A bicicleta deu um coice como um cavalo. Dei uma cambalhota sobre o guidão e mergulhei de cabeça em uma valeta formada por um pequeno riacho. Durante meu voo, a lingueta da campainha rasgou o interior da minha coxa direita na diagonal. O machucado de 10 centímetros era irregular e bem feio. Mas não sangrava muito. O lado inferior da pele rasgada pendia e deixava a carne à mostra.

Temendo a reação dos meus pais, eu mesma fiz os primeiros-socorros. Achei no chão uma rodela de borracha que veda a tampa dos vidros de mantimentos. Colhi à beira da estrada folhas de *poddorózhnik*, uma planta supostamente medicinal. Na água do riacho lavei as folhas, a bandagem elástica e a ferida. Juntei os dois lados da pele e apertei a carne exposta para dentro. Cobri com as folhas e, como se fosse uma liga segurando a meia, fixei-as com o elástico de borracha. Sentei na beira do riacho e esperei meus cabelos e o vestido secarem ao sol. A bicicleta estava intacta e, andando devagarzinho, a levei de volta para o campo. A saia do vestido cobria o machucado e mamãe não percebeu. Eu trocava as "ataduras" de folhas diariamente e até hoje carrego uma cicatriz feia.

Certo dia, ao visitar os amigos na Kitzenhaus, deixei a bicicleta no corredor da entrada, encostada na escada. Quando voltei, ela havia sumido. Foi um baque, uma facada no coração. Nossa maior preciosidade havia sido roubada. Me arrastei a pé os 6 quilômetros até o campo. Não sabia o que dizer aos meus pais. Não sabia qual seria a reação deles. Contei a verdade e, com surpresa, ouvi da minha mãe:

— Não se martirize, Íratchka. Já perdemos coisas muito mais importantes, e não foi uma vez só. A perda de uma bicicleta não é o fim do mundo, não deixe isso te derrubar.

Papai acrescentou:

— Se soubesse que a bicicleta seria roubada, você provavelmente a levaria para dentro do quarto da amiga. Como diz o ditado russo: "Se eu soubesse onde ia cair, forraria o chão com feno."

Aliviada da culpa, passei a carregar a malinha a pé.

Nos anos 1960, comprei um jogo sueco de copos e taças fumê. Não permitia que fossem usados no dia a dia e sempre advertia os filhos:

— Cuidado com meus cristais suecos!

Desde que nascera, em 1970, Andrucha sempre ouvia essa frase. Certa vez, durante uma recepção na minha casa, havia convidados sentados em volta de várias mesinhas espalhadas pelo salão. De repente, ouviu-se da sala de jantar o barulho de um copo quebrando no chão. Andrucha, com seus 4 anos, veio correndo:

— Mamãe, mamãe, a visita quebrou um copo!

Todos riram, e eu, constrangida com a situação, respondi que vidro quando cai, quebra. Mas ele não se conformava:

— Mas, mamãe, foi seu copo de cristal sueco que ele quebrou!

Entendi sua aflição, lembrei-me das palavras de mamãe depois do roubo da bicicleta e disse:

— Cristal também é vidro, e vidro quando cai, quebra.

Sua aflição foi substituída por alívio. No entanto, ele ficou decepcionado:

— Eu não sabia que seu cristal sueco era vidro...

Capítulo 9

Em abril de 1945, a UNRRA abriu inscrições para emigração. Uma lista com os países que recebiam imigrantes foi distribuída. Todos tinham cotas que seriam preenchidas segundo uma ordem. Em primeiro lugar admitiam adultos solteiros jovens; depois, jovens casais sem filhos; em seguida, casais de meia-idade com filhos adultos aptos a trabalhar; e por fim, as demais pessoas. Minha família, por ter duas menores, estava no fim de todas as filas.

Papai nos inscreveu em quase todos os países: Austrália, Nova Zelândia, Estados Unidos, Canadá, Argentina, Marrocos e Quênia. Para todos tínhamos que fornecer documentos de nada-consta, além da prova de que não éramos portadores de tuberculose, sífilis ou tracoma. Começamos a fazer os exames exigidos: radiografia do pulmão, exames de sangue e de olhos. Feito isso, só nos restava esperar.

Em setembro começavam as aulas nas escolas alemãs. Meus pais decidiram que, além de frequentar a escola russa no campo, Ludmila e eu deveríamos cursar uma alemã.

— Deus sabe quanto tempo teremos que ficar na Alemanha até algum país nos aceitar. Então, já que estamos aqui, as meninas têm que aproveitar a oportunidade de aprimorar a língua alemã — disse papai.

Mais duas famílias tiveram a mesma ideia. Dima e Mana nos fizeram companhia. Eu e os dois meninos íamos de manhã à escola alemã e de tarde à russa. Ludmila fazia o contrário: ia de manhã à russa e de tarde à alemã. Entre os alunos dos três turnos da escola russa, apenas nós quatro passamos a frequentar as duas escolas.

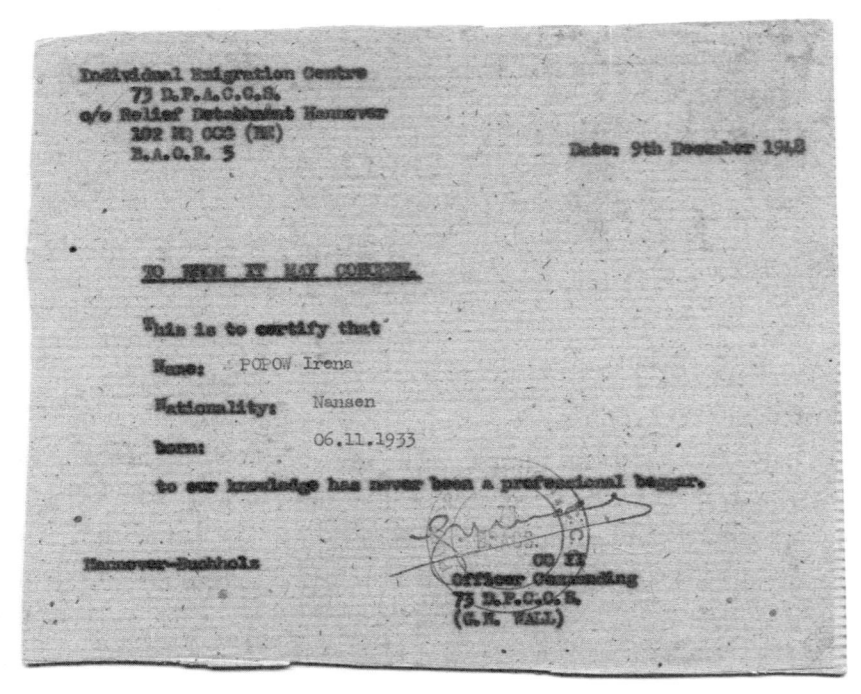

Foto 26: Meu atestado de "bons antecedentes". No documento exigido pelos países que aceitavam emigrantes havia a surpreendente afirmação: "Irena Popow nunca foi mendiga profissional"

Fomos admitidas na pequena *Volksschule*, "escola do povo", em Gitter. Ludmila entrou no primeiro ano e eu no quinto, apesar do pouco conhecimento da língua. Depois do quinto ano podia-se tentar ingressar na *Oberschule*, "escola de ensino médio", de Salzgitter, porta de entrada para o curso superior. Ou então se continuava até o oitavo na *Volksschule*.

No início, estranhei bastante a escola alemã, mas fiquei encantada com a aula de música. O professor tocava violino e as crianças cantavam. Fiquei horrorizada com a punição que os alunos recebiam por qualquer pequena transgressão. O professor chamava o culpado e dizia uma única palavra: "Knüppel!" O aluno levantava, ia até o armário e pegava uma vareta. Entregava ao professor, esticava as mãos com as palmas para cima e o professor lhe dava uma ou mais varetadas, dependendo do delito. O aluno agradecia com um "Danke", pegava a vareta, guardava no armário e voltava ao seu lugar. Ninguém estranhava. Só eu.

Uma vez, durante uma aula de botânica na floresta, a professora me mandou fazer algo que não entendi. Compreendi menos ainda quando ela chegou perto de mim, levantou o braço e desceu a mão espalmada no meu rosto. Foi a primeira e única bofetada da minha vida. Virei as costas e corri mais rápido que o vento até o campo. Em prantos, mostrei a meus pais a marca vermelha na bochecha e contei o ocorrido. A fúria no rosto de papai era a mesma que eu tinha visto no de minha mãe quando ela pulou do vagão e agarrou o oficial alemão que bateu no meu pai. Eles foram comigo até o diretor da escola e disseram não admitir que a filha fosse espancada. Exigiram ainda a retratação da professora. Ela negou ter me batido, dizendo que havia sido um tapa somente. Papai ameaçou dar queixa aos ingleses, e a professora foi transferida para outra escola.

As matérias da escola, por serem análogas, eram estudadas em dose dupla. Primeiro em alemão e depois em russo. Talvez por isso eu furasse o pneu da bicicleta do professor Jaeger. E mais: o inglês se tornou obrigatório nas duas escolas, com aulas diárias. Meus pais estavam radiantes:

— Enfim nossas filhas estão estudando numa escola — diziam.

Mas a felicidade deles durou pouco. Certa noite, fomos acordados por leves batidas na nossa janela. Mamãe acendeu a luz e vimos o rosto de Simon Bloomberg através do vidro. Parecia assustado e fazia gestos para que apagássemos a luz e abríssemos a janela. Ele começou a falar rápido e baixinho, mas meus pais não entendiam o que ele dizia. Na medida do possível, eu ajudava na tradução. Misturando inglês com alemão, ele tentava aos sussurros explicar a inusitada visita. Pediu sigilo. Para ninguém saber da sua vinda, ele deixara o carro na aldeia e, em vez de entrar pela cancela, contornara o campo a pé pela plantação. Fez um buraco na cerca com um alicate e entrou pelos fundos.

Contou que acabara de receber uma ordem oficial para que meu pai, tio Tira, o pai de Lutzi e de Dima e o avô de Lídia fossem entregues aos soviéticos. A acusação de que eles eram traidores da pátria e estavam sujeitos a julgamento na União Soviética fora oficialmente formalizada pelos russos. Bloomberg disse que no dia seguinte ele teria que voltar ao campo com caminhões e tanques ingleses e russos e teria que prendê-los e entregá-los aos militares soviéticos. Pediu que os outros quatro homens fossem avisados discretamente. Acrescentou que eles teriam que fugir ainda naquela noite, para o mais longe possível. Aconselhou que não o fizessem em grupo; fugissem cada um para um destino diferente. Sugeriu que mamãe e as outras três esposas preparassem uma explicação plausível para o sumiço dos maridos. Todo o tempo ele se dirigia a mamãe com um *mein Kind*, "minha criança". Na despedida, prometeu que em breve iria arrumar documentos com novos nomes para os cinco homens e entregá-los a mamãe. Apertaram as mãos, ele desejou *good luck* e sumiu na escuridão. Mais uma vez eu estava me despedindo de papai enquanto ele saía pela janela. Na mesma noite os cinco homens partiram pelo buraco na cerca, rumo ao desconhecido.

De manhã o campo foi cercado por veículos militares. A guerra parecia estar de volta. Pela cancela entraram o carro inglês de Simon Bloomberg e um soviético. Bloomberg ordenou que chamassem papai e os quatro homens. Quando soube que nenhum dos cinco estava, as esposas foram convocadas. Mamãe disse que ela e papai tiveram uma briga por causa de uma mulher e que ele havia saído de casa, abandonando-a com as duas filhas. Ela nunca mais queria vê-lo nem saber notícias. Não sei o que as outras três mulheres contaram, mas os militares acabaram indo embora em seus veículos. Mais uma vez funcionava a Lista de Bloomberg, a do santo judeu.

Não sei onde papai se escondeu nem como ele se comunicava com mamãe. Mas ela chegou a ir até Hamburgo lhe entregar os documentos falsos com seu novo nome. Sei porque ela me mostrou uma fotografia que tirou com ele na ocasião. Mamãe me mostrou para que eu visse que ele estava vivo e bem, e que logo, logo estaria de volta. Fiquei muito grata por mamãe me mostrar a foto.

Foto 27: Meus pais em Hamburgo, outubro de 1945

Os ícones do altar da igreja do DP N49 foram feitos por um pintor e pela mãe de Lutzi. Fiquei deslumbrada com as vestes do padre Ioán, com o ritual bizantino das missas, o coral ortodoxo. Tudo tão lindamente misterioso e teatral que passei a exercer a função de coroinha.

Tentei fazer parte do coral, mas logo fui dispensada por ser desafinada. Herdei isto de papai.

Adorava as aulas de catecismo. Aprendi a ler em eslavo antigo. Sabia todas as orações e rezava fervorosamente, para grande alegria de minha avó. Mas com o tempo, o culto greco-ortodoxo tornou-se cansativo. Nas igrejas não há bancos e todos ficam em pé. E como duram as missas greco-ortodoxas! Para me distrair, ficava imaginando: o que aconteceria se eu plantasse bananeira aqui, bem no meio da igreja? Imaginava fazê-lo como nos recreios na escola: os pés encostados na parede, a saia do vestido escondendo o rosto e a calcinha aparecendo. Imaginava, mas não ousava fazê-lo. Ficava perplexa com as comunhões. "Beber o sangue e comer a carne de Cristo" parecia um ato de canibalismo. Evitava comungar. Aos poucos comecei a escapulir sob o pretexto de que tinha que fazer os meus escambos.

Sem a bicicleta, ia para Salzgitter a pé pela estrada de paralelepípedos que levava ao centro da cidade. Era um caminho arborizado, com bonitas casas de dois andares com ajardinados. Desenvolvi uma tática para exercer meu ofício. Eu tinha 11 anos, andava sempre muito limpa e de tranças com dois grandes laçarotes. Ninguém tinha medo de me deixar entrar. Tocava a campainha e, quando alguém aparecia, eu dizia que estava com muita sede e pedia um copo de água. Traziam-me a água e perguntavam o que eu estava fazendo ali. Enquanto bebia, eu abria a maleta, mostrava minha mercadoria e começava a negociação.

Naquela estrada havia uma casa de dois andares que chamava a minha atenção. Na frente havia canteiros com lindas flores e um grande pomar no fundo. Ela estava sempre de janelas fechadas. Pensei que estivesse abandonada. Até que um dia vi, através da cerca, um homem de cabelos brancos mexendo na terra. Ele era magrinho, e um cachorro marrom brincava ao seu lado. O portão estava aberto e entrei sem bater.

O pequeno bassê não era tão inofensivo quanto eu imaginara. Aos latidos, ele pulou em cima de mim, pendurando-se na bainha do meu vestido. Assustada, eu gritava e agitava a maleta tentando me livrar, mas o pestinha não me largava. Rosnava e balançava o corpo no ar, até que caiu no chão com um pedaço do vestido na boca. O homem correu ao meu encontro e segurou o cachorro. Uma senhora magra veio se juntar a nós. A essa altura eu estava chorando. O homem apanhou o pano do chão e o entregou para a mulher.

— Conserte o vestido dela, por favor.

A senhora me abraçou e convidou-me a entrar. Trouxe suco de groselha e me pediu para tirar o vestido. Eu me enrolei no xale que ela me emprestara, bebi o suco e, enquanto a mulher costurava, contei minha história. E eles me contaram a deles.

Os dois velhinhos chamavam-se *Herr* e *Frau* Dörmann e eram os donos do horto. O único filho foi feito prisioneiro de guerra pelos russos. A nora e os netos foram então morar com eles. O casal disse que era menos doloroso para todos esperar juntos a volta do filho, do marido e do pai.

Do encontro surgiu uma longa e afetuosa amizade. Depois que lhes contei sobre a anemia da minha irmã, eles começaram a encher minha bolsa com cachos de cassis. No fundo do pomar havia uma grande plantação de groselheiras. A groselha preta tem maior concentração de vitamina C, que faltava a Ludmila. Em agradecimento eu levava sempre chicletes ou uma barra de chocolate para os netos.

Cada vez que entrava na sala dos Dörmann, eu mal conseguia desviar o olhar do canto onde ficava um baú, sempre de tampa aberta, cheio de brinquedos. Eu pensava na minha irmã, que estava crescendo sem nenhum. A última boneca de Ludmila se perdera no incêndio do barracão de Katowice. Criei coragem e fiz uma proposta aos Dörmann: trocar uma boneca por uma lata de café e um maço de cigarros.

Não esperava que concordassem com tanta rapidez e nem que eu pudesse escolher a boneca. Preferi uma de cachos louros e olhos azuis, que fechavam quando ela era posta deitada. Ela ainda chorava e dizia "mama". Saí da casa dos Dörmann com a boneca escondida no fundo da maletinha. Eu mal cabia de felicidade. Tinha o presente que Vovó Geada ia levar para minha irmã no Natal.

*Foto 28: Ludmila exibe orgulhosa a boneca que
foi trocada com o casal Dörmann.
Hoje, ela pertence à sua neta Catarina*

Faltava achar presentes para mamãe e papai. Eu queria algo realmente significativo. Quando vi um cortador de tabaco em forma de guilhotina na vitrine de uma loja que promovia trocas, visualizei meu pai e tio Tira colhendo as folhas de tabaco que penduravam para secar no varal na sala. A fim de que não ressecassem, os dois às vezes borrifavam as folhas com mel diluído em água. Depois de secas, papai e titio levavam muito tempo para cortá-las e picá-las com uma faca. Sempre reclamavam do resultado final. Diziam que era cansativo e nada satisfatório.

Passei a namorar o cortador. O dono queria alguma coisa em troca que não lembro. Era algo que eu não tinha. Propus uma lata de café, ele queria três. Mas após algumas semanas aceitou duas. Pronto! O presente de Natal de papai ficou escondido com a boneca. Faltava só o de mamãe, que acabou sendo mais fácil. Na mesma loja havia uma concha de sopa de alumínio. Troquei-a sem problemas por uma lata de sardinhas.

Mamãe e tia Lena juntavam nossos mantimentos e os cozinhavam no fogão comunitário. Depois de pronta, a comida era trazida para nossos "aposentos". Esquentavam-na num fogareirozinho elétrico com o arame em espiral. Nossa sopa diária era tirada da panela com uma caneca.

Os três presentes para os meus queridos estavam garantidos e bem escondidos com minha prima Nina. Eu não queria estragar a surpresa na manhã do dia de Natal.

O outono avançava e papai continuava escondido. Sentia muito a falta dele. Era o único a me chamar de Iríchka. Eu também não tinha mais acesso a livros em russo. Inscrevi-me na biblioteca de Salzgitter e passei a ler em alemão. Não era a mesma coisa, principalmente os autores cujas obras papai me contava na trincheira de Katowice. Passei a ler os desconhecidos. Pela primeira vez entrava em contato com romances policiais e livros de espionagem. Fiquei fascinada. Os poucos títulos russos que apareciam tinham uma grande fila de espera. Livros de mistério se tornaram os meus favoritos. Era uma novidade total.

Começou a época da neve e fiquei aflita. O Natal estava chegando e nada de meu pai. Uma tarde, ao chegar da escola russa, mamãe me falou que uma surpresa me esperava na *Kitzenhaus*, mas eu não devia contar para ninguém. Desconfiei que papai fosse a surpresa. Porém, para não me decepcionar, não perguntei nada. Estava escuro e nevando quando saí. Até chegar à rua de paralelepípedos, tinha que andar pelo asfalto no campo aberto. Sob a influência do último livro de espionagem, eu me imaginava sendo seguida. Os raros faróis de carro que vinham na minha direção iluminavam a densa nevasca, e eu me virava para o motorista não me reconhecer.

Quando entrei na rua de paralelepípedos me senti mais protegida. Passei a me esconder dos faróis atrás das árvores. Demorei o dobro do tempo até a *Kitzenhaus*. Eu tinha que tomar cuidado com os espiões para a chegada de papai não ser descoberta. Se é que era o papai a surpresa que estava me esperando. E era.

Ele estava mais magro do que nunca e tossia bastante. Após infinitos beijos e abraços, planejamos sua ida ao nosso barracão. Papai não podia ser descoberto. Saí na frente, tomando uma dianteira de 100 metros.

Antes de ele entrar no campo, fiz uma vistoria da área para me certificar de que não havia ninguém no caminho. Papai contornou o barracão e ficou agachado sob nossa janela. Como ventava muito, ninguém ouvia sua tosse. Bati no vidro. Mamãe abriu, ele entrou pela janela e não saiu do quarto até o Natal.

A árvore do Natal de 1945 seria a primeira desde o início da guerra. Na realidade, aquele seria o primeiro Natal de minha vida. Mas faltava o pinheiro. Derrubar árvores sem permissão por escrito era proibido por lei. Vova pediu uma bicicleta emprestada e, munidos de uma pequena serra e machadinha, fomos à floresta. Saímos de noite às escondidas. À luz do luar escolhi um pinheiro de dois metros. Vova serrou o tronco e cortou os galhos da parte de baixo.

Colocamos a árvore na bicicleta, apoiada no guidão e no selim. Quem acha que é fácil carregar uma árvore daquele tamanho em uma bicicleta e na neve que experimente! As rodas afundavam, o guidão não virava e o tronco travava o giro. Para não sermos pegos, cortamos caminho pelo campo nevado, evitando assim o asfalto. Acho que carregar a árvore naquelas condições foi mais difícil do que correr ao longo do trem e me arrastar pela neve atrás de mamãe com Ludmila no trenó. Foi difícil, mas valeu a pena.

No canto da sala, perto da cama de vovó, fixamos o tronco do pinheiro numa grossa cruz de madeira. Enfeitamos a árvore com as estrelas feitas com uma brilhosa palha dourada e com os laços de trapos da oficina de costura, que preparamos durante o outono. Ficou linda.

Tio Tira e os outros três homens também voltaram às escondidas. Permaneceu cada um no seu quarto. Graças às rações adicionais com iguarias que recebemos de presente de Natal, tivemos um jantar fabuloso após a missa. Todos cantavam, brincavam e riam como antes. Eu estava feliz e disse que ia me deitar. Bastava esperar todos irem dormir para poder tirar os presentes preparados com tanta antecedência.

Tive que conter a impaciência e fingir que dormia. Quando ouvi os roncos de papai e me certifiquei de que mamãe e Ludmila estavam dormindo, levantei e, pé ante pé, passei pelo quarto dos meus tios, entrei na sala e mergulhei embaixo da cama de vovó. Minhas coisas estavam onde Nina as tinha escondido, atrás dos objetos e dos sapatos de vovó.

Com extremo cuidado escolhi um bom galho no meio da árvore e encostei a boneca de Ludmila no tronco. No galho de baixo, mais grosso, pendurei o cortador de tabaco com barbante. Por ser leve, pendurei a concha de alumínio da mamãe pelo gancho do cabo num dos galhos mais altos. Dei um passo para trás e, extasiada, fiquei admirando o resultado.

Assim como vim, voltei na ponta dos pés. Enfiei-me embaixo do cobertor, mas não conseguia dormir por causa da excitação. As mesmas perguntas giravam na minha cabeça, e a curiosidade me atormentava: "O que será que vou ganhar?" "Que surpresa eles prepararam para mim?" "Qual será meu presente?" Adormecia e acordava. Sonhava com muitas surpresas, mas quando ia ver quais eram acordava.

Acordei de vez com o dia claro. Depois da festa da véspera, todos ainda estavam dormindo. Com o coração nas mãos, fui até a sala para ver qual seria meu presente. E lá estava ela, minha primeira árvore de Natal. Linda, cheirosa e enfeitada somente com um cortador de tabaco no galho de baixo, a boneca me olhando com os olhos azuis no meio da árvore e a concha pendendo de cima...

No mesmo dia, Simon Bloomberg veio trazer o que considerei ser *meu* presente de Natal: ninguém mais ia ser entregue aos russos. Todos podiam voltar a usar o nome verdadeiro. Aquilo significava que papai estava livre!

Nos três meses que passou fugido, papai se escondeu nos terrenos pantanosos perto da fronteira com a Bélgica. Ganhou a vida cavando turfa, uma matéria de origem vegetal em decomposição. Havia grande demanda pela turfa. Inflamável, ela serve de combustível e naquela época substituía o carvão e a lenha. Cavar a turfa no frio, com água pelos joelhos, era um trabalho pesado e insalubre, o que contribuiu para enfraquecer ainda mais a frágil saúde de papai.

Desde seu retorno seu estado piorava dia após dia. A bala que o atingira no passado, obedecendo à lei da gravidade, descia devagarzinho, e no trajeto rasgava os alvéolos. Qualquer sopro de ar provocava pleurite ou pneumonia. A cirurgia para retirada estava fora de questão, e não havia penicilina para amplo uso. Papai foi então hospitalizado. Levaram-no para um sanatório em Hildesheim, no topo das montanhas nevadas de Harz. O local ficava a três horas de trem de Salzgitter.

A anemia de Ludmila tinha cedido, e todos os nossos esforços passaram a se concentrar na superalimentação de papai. Para evitar tuberculose, que ele certamente teria contraído se não fossem nossos cuidados, mamãe inventou uma supermistura. Eu separava, dos *care packages*, o leite, a manteiga, o chocolate em pó e em barra, os ovos em pó, as geleias e o açúcar. Mamãe aumentou a produção do artesanato para o escambo e eu trazia o toucinho, a banha, o mel e o melado. Mamãe colocava tudo numa grande panela e cozinhava até transformar numa grossa pasta, gordurosa e doce. Ela dizia que era o "remédio" do papai. Enchia potes e mais potes e eu os levava para o sanatório. Papai tomava a pasta com uma colher de sopa.

Todos os fins de semana eu pegava um trem de Salzgitter para Hildesheim. Lá eu fazia a baldeação para outro trem, de cremalheira, parecido com o que sobe o Corcovado. Depois subia a pé por uma trilha na neve até o sanatório. Nos dias muito frios ou quando estava cansada, abria a tampa de um dos potes e, com os dedos indicador e médio, comia um pouco da pasta. Lambia os dedos e não sentia remorso. Sabia que tinha muito mais e que dificilmente papai conseguiria comer tudo sozinho. De qualquer maneira, ele iria dividir com alguém. Até o início da primavera, quando papai voltaria restabelecido, não comíamos nenhum dos produtos calóricos. Dávamos apenas um pouco para Ludmila.

Pouquíssimos itens podiam ser comprados sem os cupons. Um deles eram os escargots em marinada. Os alemães adoravam, mas para nós parecia estranho alguém comer lesma. Não fazia parte da cultura gastronômica ucraniana. Em minhas andanças de trem descobri que numa das estações vendiam salada de arenque sem a necessidade de cupons.

Batatas e beterrabas cozidas e picadas em minúsculos pedaços eram misturadas aos ainda menores pedaços de arenque. A porção custava pouco, e eu então comia várias. Adorava. Planejava a viagem de modo a fazer baldeação naquela estação e "traçar" a salada de arenque, mesmo quando podia ter ido direto ao meu destino.

Minha "freguesia" já estava saturada dos artesanatos de mamãe. Em quase todas as casas nas redondezas de Salzgitter havia algum objeto feito por ela. E aquele fato estava me preocupando. Até Antonina me abrir um novo mercado.

    Antonina era uma viúva russa, que vinha de Wolfenbuttel à igreja do nosso campo e acabou fazendo amizade com meus pais. Quando soube da minha dificuldade de efetuar as trocas, ela me convidou para passar um fim de semana na sua casa. Ela me apresentou a vários vizinhos e então ampliei minha nova área de escambo. Ela morava longe da estação, do outro lado da cidade. Em vez de ir à sua casa por dentro da cidade, eu cortava caminho pela estrada de terra

    Talvez por nunca ter tido um canto só meu, eu gostava de ficar sozinha. As ruas sempre tinham pessoas. Já no campo era só eu. A caminhada levava uma hora, mas eu a fazia tranquilamente. Imaginava encontros fantásticos. Travava diálogos incríveis. Imaginava um lindo carro parando ao meu lado. Dele saía um belo jovem, que se oferecia para carregar minha mala. Caminhando lado a lado, falávamos sobre livros, países que gostaríamos de visitar, novas coisas a serem descobertas, as pessoas a serem conhecidas. Eu nem via o tempo passar. Em um instante eu estava na porta de Antonina.

    Às vezes, quando fazia muito calor, eu optava pela sombra das ruas. No caminho entrava no cemitério da cidade, sentava num banco sob uma árvore. Em silêncio, ficava admirando as flores, as borboletas e o canto dos pássaros. Fechava os olhos e flutuava.

Eu estava com 12 anos e era a mais nova da minha turma de seis moças e seis rapazes da classe dos "médios" do DP N49. Como as meninas costumavam comentar uma ou outra coisa a respeito de suas menstruações, eu me sentia profundamente inferiorizada — a minha ainda não tinha vindo. Fingia não me importar, mas ligava, sim. Procurava compensar com algo que elas não faziam ou não sabiam fazer. Coisas como plantar bananeira na sala durante o recreio; pegar o livro de presença e de notas na mesa do professor e o esconder na caixa do piano; jogar futebol ou lutar boxe com os meninos; trepar nas árvores; furar o pneu da bicicleta do professor de alemão. Todos gostavam de mim. Eu era a camaradona. Mas, paradoxalmente, na minha cabeça o sinônimo de ser adulta não era a autonomia, e, sim, a menstruação.

Havia vários paradoxos na minha vida. Se, por um lado, meus pais confiavam no meu bom-senso e na minha capacidade de enfrentar as situações mais adversas para uma criança, eles me impunham limites adequados à minha idade. Eu tinha que entrar no barracão às oito e deitar às nove. Mesmo no verão, quando o sol se punha mais tarde. Ter que deitar enquanto todos os meus amigos brincavam do lado de fora, ouvir suas vozes e risos era um suplício. Também, por mais que confiassem em mim, jamais deixavam de verificar se meus deveres de casa estavam feitos. Eu fazia o escambo e trazia a comida, mas era mamãe quem arrumava minhas tranças, lavava minha roupa e até minhas calcinhas. Eu podia trocar ideias com o professor de ciência sobre o submarino que Jacques Cousteau acabara de construir, mas não sabia direito como os bebês eram feitos nem como nasciam. Como não perguntava, ninguém tinha conhecimento de que eu não sabia.

No dia seguinte ao meu aniversário de 13 anos, ganhei o presente que tanto desejava. Foi mamãe quem notou a mancha de sangue na minha camisola. Perguntou-me se eu sabia o que aquilo significava. Eu disse que sim. E ela não quis saber mais detalhes sobre o que aquele "sim" significava. Apenas me deu uns paninhos e explicou como usá-los e lavá-los.

Nunca recebi nenhuma espécie de educação sexual, mas, paradoxalmente, também não havia tabu de espécie alguma. Eu podia falar e era ouvida, perguntar o que quisesse e era respondida. Apesar de passar quase seis anos nos barracões comunais em vários campos, nunca vi ou entreouvi uma relação sexual. Nem dos meus pais nem de outros casais. Uma coisa que sempre me intrigou foi como as mulheres nos campos dos *Ost* se viravam nos dias da menstruação. Se absorventes íntimos não existiam, elas então deveriam usar paninhos. De onde eram tirados? Quando e como eram lavados? Por que eu nunca os vi nem senti o cheiro? Que fantástica discrição era aquela? Até hoje estranho jamais ter visto intimidades além das de afeto.

Na primavera de 1946, comecei a me ressentir da carga de estudos e da falta de tempo para brincar. Ao acordar, comia a refeição da manhã. Ia à escola alemã e lá almoçava; ia à escola russa; fazia os deveres de casa para as duas escolas; jantava e ia dormir. Como não sabíamos qual dos países iria nos receber, passei a ter aulas particulares de espanhol e francês uma vez por semana com professores do nosso campo, mas mesmo assim... cansava! Rebelei-me e resolvi corrigir a "injustiça" imposta.

    Convenci o Dima e o Mana de não ir mais à escola alemã. Dissemos às nossas mães que a comida na escola tinha piorado, e elas passaram a pôr sanduíches nas nossas mochilas. Saíamos de manhã, entrávamos na aldeia, mas em vez de subir a colina para a escola, seguíamos pela estrada. Variávamos os destinos. Nos dias quentes, íamos nadar no ribeirão. Nos frescos ou nublados, passeávamos na floresta ou subíamos nas árvores frutíferas que cresciam ao longo de quase todas as estradas do Harz e comíamos cerejas, maçãs ou peras, mesmo verdes. Nos dias de chuva era mais complicado. Pegávamos um ônibus circular intermunicipal e rodávamos até a hora em que costumávamos sair da escola. Eu era a única com acesso a dinheiro e então tinha que pagar passagem para todos. Mas valia a pena. Antes de entrar no campo, combinávamos quais seriam os deveres a serem feitos para o dia seguinte. Como éramos da mesma turma, as lições tinham que ser iguais.

    A perfeição do plano funcionou por quase três meses, até a véspera do início das férias escolares. Até um domingo de verão, onde um piquenique organizado no ribeirão foi interrompido por um temporal. Tivemos que voltar correndo. Saltitando, rindo, molhada e feliz, abri a porta do nosso quarto e parei. Sentado atrás da pequena mesa entre os dois beliches, com uma expressão mais ameaçadora do que as negras nuvens da tempestade, estava meu pai. O olho esquerdo apertado e a sobrancelha direita levantada quase tocando os cabelos não prometiam boas coisas. Com um dedo fez sinal para que eu me aproximasse. Dei um passo à frente. Ele continuava calado, só olhando. Cheguei mais perto. Não conseguia imaginar o que havia acontecido. Com a voz abafada entre os dentes cerrados, perguntou:

— Você tem ido à escola alemã, Ira?

Entendi. Se estava perguntando daquele jeito, então sabia. Se me chamava de Ira em vez de Iríchka era melhor dizer a verdade.

— Não.

Vi a perplexidade estampada no seu rosto. Ele não estava esperando aquela resposta e pensava no que dizer. A sobrancelha direita desceu, o olho esquerdo se abriu e, com a voz normal, ele disse:

— Sorte sua ter dito a verdade. Não sei o que faria se tivesse mentido. Vou pensar no que fazer com você e direi amanhã. Agora vá se secar e trocar de roupa.

Mamãe, apesar de aborrecida, contou como eles souberam da minha gazeta. Foram comprar cerveja no único bar da aldeia e encontraram o diretor, que ficou muito surpreso ao vê-los. Mamãe chegou a reproduzir o diálogo:

— Vocês ainda estão na Alemanha, Herr Popow? E nós que pensamos que vocês já tivessem emigrado.

— Como emigrado? A Ira está sempre na escola! Ou o senhor pensa que nós íamos deixá-la para trás, sozinha?

— Ira? Mas já faz quase três meses que Ira não frequenta as aulas. Nem ela, nem Dmitri nem Emanuel.

Mamãe me disse que, quando contou a novidade para as mães do Dima e do Mana, elas prometeram dar-lhes uma boa surra. Mas não me disse qual seria meu castigo.

Fui dormir sem saber o que esperar. Na manhã seguinte, após o café, papai fez sinal para eu o seguir. Pegou minha mão e, sem dizer palavra, me levou até a pequena escola de Gitter. Eu então não entendi mais nada. A escola estava fechada. As férias tinham começado naquele dia. Mas papai bateu na porta da casa do diretor, que morava em cima da escola. Ele parecia esperar a nossa visita, pois não expressou nenhuma surpresa ao nos ver. Cumprimentou-nos e pediu que entrássemos. Papai então falou:

— A partir de agora, você vai ter aulas particulares de literatura alemã com o Herr Direktor durante as férias. E depois da aula, direto para casa! Vielen Dank, Herr Direktor! Auf wiedersehn.

Agradeceu ao diretor, apertou sua mão e saiu me deixando com Wilhelm Busch, Goethe, Schiller e Heine.

De 1945 a 1948, a Associação Cristã de Moços e Moças organizou acampamentos nas montanhas de Harz para os jovens de vários campos DP. Durante um ou dois meses eu convivia com moças e rapazes de várias nacionalidades.

Dormíamos em barracas de campanha. Em cada uma havia seis leitos dobráveis de lona. Durante o dia eu participava de quase todas as modalidades esportivas, à exceção de corrida, de que nunca gostei. Todas as noites, dezenas de jovens se reuniam em volta de uma grande fogueira.

Cantávamos canções inglesas, francesas, russas, ucranianas, polonesas, tchecas, búlgaras, romenas, húngaras, lituanas, estonianas. Foi uma experiência e tanto. Sentia uma saudade imensa quando acabava.

Em 1946, a Organização Internacional para os Refugiados (IRO) substituiu a UNRRA. As respectivas diretorias também foram trocadas. Simon Bloomberg seria transferido e veio se despedir de nós. Antes de partir, disse que um dia entraria em contato conosco. Não acreditei muito, mas ele manteve a promessa. No início da década de 1950, quando morávamos em Niterói, recebemos uma carta postada em Kingston. Era de Bloomberg.

Ele escrevia que soube de nosso endereço através do escritório da IRO no Rio; havia sido nomeado governador-geral da Jamaica e frequentemente pensava em nós. Queria saber como estávamos e nos convidava para visitá-lo. Ficamos muito felizes com a carta, honrados com o convite, mas... nossa luta pelo pão de cada dia fazia a simples ideia de ir à Jamaica parecer um delírio de bêbado. Infelizmente, nosso tão desejado reencontro com Simon Bloomberg nunca aconteceu.

A IRO dava assistência e proteção legal aos que não podiam ou não queriam voltar para casa. Assumiu também a responsabilidade de repatriação ou de redistribuição dos refugiados. As famílias do nosso campo começaram a emigrar. Aos poucos, a depender do destino final, elas iam sendo transferidas para campos de trânsito. Lá, aguardavam a entrevista com o cônsul para receberem o visto de entrada do país. A cada três, quatro meses, chegava a vez de alguém.

As primeiras duas famílias foram para a Austrália. Mandavam longas cartas, de vinte páginas cada, dirigidas aos moradores do DP N49. Todos os moradores se reuniam no salão-escola e papai as lia em voz alta. Eram descrições minuciosas da viagem, da terra, das pessoas e do trabalho. O trabalho de um deles era o mais curioso: tinha que ficar com uma espingarda sentado à beira da estrada e atirar em todos os coelhos que a atravessassem. Fiquei feliz por não estar na fila para a Austrália.

Uma família que emigrou para o Quênia estava trabalhando na casa de uns ingleses. A carta, além de outras coisas, falava dos dentes afiados de um empregado zulu. Descreviam como ele limava os dentes e achavam que se tratava de um canibal. Eu torcia para não ser chamada pelo Quênia.

Todos os moradores da Kitzenhaus, a família de Mana e de três outros colegas do meu campo, foram transferidos para o campo de trânsito em Hamburgo. O destino era a Austrália e a Nova Zelândia. No início do inverno de 1949, a família de tia Lena e de alguns colegas meus foram chamadas pelos Estados Unidos e pelo Canadá. Partiram para o campo de trânsito em Braunschweig. Eu receava que a separação da minha família paterna fosse igual à por parte de mãe — para sempre. Duas semanas depois fui visitá-los. Estávamos separados por apenas 40 quilômetros, mas em breve seriam milhares.

Resolvi visitá-los de trem para, mais uma vez, me despedir da minha avó, da madrinha, do tio e dos primos. O campo deles, com prédios de concreto de dois andares, havia sido uma caserna alemã durante a guerra. Todos estavam felizes por terem sidos chamados, mas o tempo de espera do visto era imprevisível.

Durante minha estada presenciei um fato dos mais surreais da minha vida. Alguém roubara uma vaca do curral de um fazendeiro alemão. Ele fez queixa na delegacia e alegou que o ladrão devia ser um dos moradores do campo de trânsito, pois as pegadas, marcadas na neve recém-caída, levavam ao portão do campo. O local foi cercado pela polícia militar inglesa e por guardas alemães. As pegadas, humanas e as da vaca, iam até o portão, mas ali paravam.

Dentro do campo, havia somente pegadas de grandes botas masculinas na neve fresca. Quando os militares iam saindo, ouviu-se um estrondo, um quebrar de vidros e um alto mugido. Da janela quebrada, no segundo andar de um dos prédios, se projetava a metade da frente de uma vaca. Agitando as duas patas dianteiras e balançando freneticamente a cabeça, ela mugia sem parar.

O mistério foi desvendado em seguida. A neve tinha atrapalhado os planos dos ucranianos que roubaram a vaca. Antes de entrar pelo portão, calçaram-lhe nas patas quatro botas viradas com o calcanhar para a frente. Andando de costas, levaram-na para dentro do prédio e na escuridão empurraram-na escada acima até o corredor do segundo andar. A mansidão da vaca acabou quando o animal viu a luz atrás da janela no fim do corredor. Ela correu, quebrou o vidro e ficou pendurada. A vaca foi sacrificada e os ladrões, presos. Deram adeus à América.

Na Alemanha Ocidental estavam preparando a reforma monetária — o Reichsmark seria substituído pelo Deutsche Mark e os cupons de racionamento iriam acabar. E nós? Como ficaríamos?

O DP N49 se esvaziava aos poucos e estava quase vazio. As aulas russas foram interrompidas — não havia mais professores ou alunos suficientes. Só restou o professor Sapozhkóv, catedrático de história em

Kiev. Eu amava ouvi-lo contar as passagens da história da Grécia antiga, de Esparta, de Corinto.

Tive um encontro com Corinto no Brasil. Na praia de Botafogo, havia o Cine Ópera. Um dia, li na marquise o filme em cartaz. Resolvi oferecer de presente aos meus pais uma tarde de lazer cultural. Achei então que o filme estaria à altura das minhas intenções.

— Sábado vamos ao cinema. Está passando um filme colorido sobre a Grécia antiga e eu estou convidando. Vocês vão adorar.

Diante da minha empolgação, eles concordaram. No sábado, depois do almoço, seguimos para o Cine Ópera. Quando começou o filme, fiquei decepcionada. Não era um filme colorido, e sim em preto e branco.

"Mas tudo bem", pensei. "O importante é que é sobre a Grécia antiga." Mais o filme avançava, menos eu entendia. E menos ainda entendeu meu pai. Na saída me perguntou:

— De onde você tirou que esse filme era sobre a Grécia antiga, Iríchka?

— Ué, do título?! Veja você mesmo...

E lhe mostrei a marquise onde, em letras gigantescas, estava escrito *O Corintiano*. Só que era um filme do Mazzaropi.

Enquanto aguardávamos nossa vez de sermos chamados por algum país, continuei na escola alemã e com as aulas de espanhol e francês. Sentia-me só. Até a família do padre Ioán, avô de Lídia, havia ido para o campo de trânsito em Hamburgo. Eles emigrariam para a Argentina. Sentia falta dos meus amigos e colegas, espalhados pelos campos de trânsito no noroeste da Alemanha. Apesar de manter intensa correspondência com todos, não era o mesmo que ir junto com o bando ao cinema de Salzgitter, fazer bagunça e aprontar, como quando assistíamos aos filmes sem pagar entrada.

Ninguém da minha turma de adolescentes estava namorando. Mas as meninas eram magrinhas, graciosas, dengosas e femininas. Sabiam fazer caras e bocas. Nas festinhas com música, adivinhe quem os rapazes sempre tiravam para dançar? Elas! Os rapazes as paqueravam. Comigo brincavam, contavam piadas, jogavam vôlei, futebol e cartas. Mas não flertavam.

Em fevereiro de 1949, chegou nossa vez. O dia em que recebemos a tão esperada notícia foi a maior festa: a Argentina estava nos aceitando! Chamaram nossa família, e as de Dima e de Lutzi.

Estávamos equipados para uma longa viagem transatlântica, prontos para partir. Ansiava por ver o mar. Com tábuas de boa madeira, papai fez um baú. Pintado de azul-rei, o pequeno baú foi suficientemente grande para abrigar todos os nossos pertences. Hoje o baú virou relíquia familiar. Laqueado de branco, está em Paris e serve de mesinha de cabeceira na casa da minha filha Tatiana.

Eu acabara de fazer 15 anos, mas ainda usava as grossas tranças com laçarotes. Resolvi fazer uma surpresa para meus pais. Cortaria os cabelos até os ombros, faria permanente e viajaria para a Argentina como uma mocinha. Na véspera de nossa partida para o campo de trânsito em Hanover fui ao cabeleireiro de Salzgitter. Para quê?! Demorou horas, ele aplicou o dobro da química usual e me cobrou muito mais do que o preço fixado na entrada do salão.

Quando olhei no espelho e vi, em vez do meu cabelo liso e encorpado, uma cabeleira medonha, parecida com a de um aborígene da Papua-Nova Guiné, chorei. Saí do salão feito uma bruxa desgrenhada e não uma *señorita* faceira. Mamãe nada disse. Não criticou nem elogiou, mas tentou ajeitar o desastre, ainda que sem êxito. No dia seguinte, diante do meu desespero, me confortou:

— Não é para sempre. O bom do cabelo é que ele cresce.

Capítulo 10

Um caminhão militar nos levou ao Buchholz, um grande campo de trânsito em Hanover. A diferença daquele campo para todos os outros que eu conhecera estava nos barracões feitos de tijolos vermelhos. Mas por dentro eram iguais aos outros, com várias famílias morando em beliches. Alguns postes com alto-falantes estavam estrategicamente espalhados. Tocavam música e transmitiam notícias em inglês e alemão.

Avisos eram dados nas várias línguas da população do campo. Quando a mensagem era muito importante, soava uma sirene igual à do ataque aéreo. A grande novidade era que as centenas de DPs que esperavam entrevista com o cônsul eram de diversas nacionalidades. Gostei. As várias línguas que eu ouvia, ao andar pelo campo, me lembravam dos acampamentos da Associação Cristã de Moços e Moças.

Na parede do salão onde recebíamos a comida foi pintado um grande mural sobre os DPs, com versos em russo sobre seus destinos:

Aqui, dos contos de fadas não se tem nem o cheiro.
Andersen já virou história.
Se a besta feroz [Stalin] te foder de repente,
Dê adeus à tua alma... e estique as canelas,
Ávidos pela partida, alardeamos o perigo.
Por Deus, já estamos partindo!
Não atrasem a saída!
Senão o "Paizinho" [Stalin] vai nos agarrar pelas costas!
Assim, criando um bom feito,
Partimos para o além dos mares.

> *Para o além dos mares, para o além dos oceanos*
> *Estão partindo todos os "Ivans".*
> *E nisso não há nem mistérios, nem charadas.*
> *Não há o que pensar muito.*
> *Estão afluindo velhos e crianças*
> *Vindos dos países onde reinam a foice e o martelo.*

Nós quatro e a família de Lutzi fomos alojados no mesmo barracão. Com cobertores fizemos uma divisão que nos separava dos outros ocupantes. Uma espécie de tenda cigana para nós oito. Também resolvemos juntar a comida. Além de parecer mais, nem todos comiam a mesma quantidade e assim todos ficariam saciados. Funcionou maravilhosamente bem.

O consulado argentino ficava em Hamburgo, a 150 quilômetros de Hanover. Uma vez por semana um caminhão militar levava os felizardos para a entrevista. Depois de dois meses de espera fomos chamados. Chegou minha vez, a de Dima e a de Lutzi. Eu me esmerara na conjugação dos verbos e antecipava o êxito da entrevista em espanhol. Na véspera da viagem, tudo estava pronto. Papai engraxou nossos únicos sapatos.

Foto 29: No campo de trânsito de Hanover, um mural dava adeus a nós, os DPs, sem poupar "elogios" a Stalin

— *Gracias* — disse ao pegar os meus.

Mamãe passou nossas melhores roupas, e também lhe dediquei um *gracias*. Caprichei nos sanduíches para nosso lanche durante a viagem e todos rindo me disseram *gracias*. Era só esperar até o dia seguinte. Até o momento tão aguardado por quatro longos anos.

Aos poucos meu cabelo estava voltando ao normal. Havia perdido o aspecto de juba selvagem, a ação do permanente amenizara e suavemente tocava os ombros. Naquela noite, ao me olhar no espelho, esperava ver o reflexo de uma bela *señorita* pronta para dançar tango nos pampas com um moreno *muchacho* argentino. Mas o que vi foi apenas uma menina ansiosa. Resolvi adiar as fantasias até o navio. Na travessia do Atlântico teria bastante tempo para fantasiar.

O jantar estava pronto. Sentados nas camas de baixo dos beliches, entre brincadeiras e risinhos nervosos, comíamos. De repente, o odioso som da sirene interrompeu nosso alegre jantar. Em seguida, os alto-falantes chamavam a atenção de todos em várias línguas.

— Attention! Attention! Achtung! Achtung! Vnimánie! Vnimánie!

A Argentina acabava de fechar as portas à emigração. A ida para Hamburgo, no dia seguinte, estava cancelada. Seguiu-se um silêncio sepulcral. Em seguida, explodiu o caos.

Não sei de um exemplo melhor para a expressão brasileira "morrer na praia". Era o que estava acontecendo conosco. O sentimento foi exatamente esse. Levamos quatro anos para atravessar a nado o mar revolto da guerra. Esperando para emigrar, empurrados pelos ventos das decisões alheias, boiamos à deriva por outros quatro longos anos. Em vez de ouvirmos o "Terra à vista!", ouvimos o "Está cancelado". Se aquilo não era morrer na praia, então não sei o que era.

Pela segunda vez eu assistia a uma histeria coletiva. A primeira foi depois do curto-circuito no bonde em 1941. Choros, gritos, uivos e xingamentos vinham de todos os barracões ao mesmo tempo. O desespero sonoro era sufocante. Antes de subir aos céus, impregnava e saturava o ar. Daquela histeria eu não participei. Nem meus pais. Ficamos nos olhando. Imóveis e calados. Creio que naquela noite ninguém dormiu.

No dia seguinte continuamos mudos. Parecíamos zumbis. Ninguém perguntava nada a ninguém e provavelmente nem a si mesmo. Reinavam o desânimo e a apatia. Papai e os pais de Lutzi e Dima saíram para pensar no que fazer e voltaram apenas à tarde. Reuniram as três famílias e disseram ter encontrado a solução, e tinham um importante comunicado a fazer. Sentamos nos beliches e esperamos em silêncio o que os três homens em pé à nossa frente tinham para nos dizer. Papai foi o porta-voz:

— Vamos emigrar para o Brasil. Amanhã receberemos o convite oficial e os vistos.

Ele contou que, ao vagarem sem rumo pelas ruas de Hanover, chamou-lhes a atenção uma bandeira multicolorida desconhecida, tremulando sobre a entrada de um prédio. Uma placa dourada, afixada à porta, dizia: "Consulado do Brasil." Entraram e perguntaram se o país estava recebendo emigrantes DPs. Estava. Para mais esclarecimentos, foram conduzidos ao cônsul.

O cônsul Ubatuba perguntou pelos nomes e profissões. Ao ouvir que ali havia um engenheiro de construção de minas de carvão, um engenheiro geólogo e um engenheiro químico, disse que as cotas estavam abertas apenas para engenheiros agrônomos. Entretanto, se os três não tivessem nada contra, poderiam se inscrever como agrônomos. Não fizeram objeção e ficaram de levar todos os documentos e receber os vistos no dia seguinte. Graças àquele primeiro contato com o jeitinho brasileiro, estou hoje no Brasil.

O ditado "Há males que vêm para o bem" se confirmava mais uma vez. Sorte a minha que a Argentina fechara as portas à emigração. E de novo uma mão invisível nos tirava da beira do abismo.

Então foi a vez de minha mãe ter um chilique. Nunca a tinha visto daquele jeito. Deitou e chorou sob as cobertas durante três dias. O Brasil lhe parecia ser um país mais selvagem do que o Quênia ou o Marrocos. Não queria levar as meninas dela para um país onde cobras e crocodilos andavam pelas ruas. Onde o calor, descrito na carta do Doktor Varva, que fazia uns meses emigrara junto à família de Lídia para o Brasil, era igual ao de um forno aceso. "Abra a porta de um forno aceso, ponha a cabeça dentro e então saberá como é o clima brasileiro", escreveu na sua nada animadora carta.

Eu argumentava com mamãe que as coisas não deveriam ser bem como dizia o velho Doktor Varva. Lembrei-lhe da poesia de Kipling sobre o Brasil. Mostrei-lhe que as cartas de Lídia, ao contrário, falavam da bondade e da hospitalidade das pessoas. Descreviam em minúcias as belezas naturais. Confessei que, ao ler as cartas dela, sempre sonhava com as grandes borboletas azuis e com os beija-flores. A decepção de mamãe durou pouco e logo ela voltou a ser a valente Valentina de sempre.

A saída de Buchholz para outro campo de trânsito, em Seedorf, foi marcada para 9 de abril. Na véspera, estávamos com tudo pronto e empacotado. Amigos trouxeram frutas como presente de despedida, e mamãe resolveu fazer uma geleia para a viagem. Colocou o fogãozinho de espiral no chão, botou o açúcar para ferver e começou a preparar as frutas. Nisso, Ludmila entrou correndo. Ela tropeçou, derrubou a panela e derramou a calda do açúcar fervendo na perna. Enquanto corriam para chamar o médico, mamãe fez a forte solução de permanganato de tia Anfissa e começou a aplicar as compressas.

O médico alemão ficou horrorizado. Disse que a pele queimada não podia ser tocada pelos panos molhados. Chamou as compressas de "métodos primitivos russos" e mandou tirá-las. Cobriu a perna com uma grossa camada de pomada, enfaixou-a de cima a baixo e decretou na saída:

— Neste estado ela não pode viajar. Só darei permissão depois de assinar a alta.

— Até amanhã a perna dela vai estar boa, e nós vamos viajar, sim — insistiu minha mãe.

—Veremos quando eu voltar amanhã para vê-la — devolveu o médico, saindo com um sorriso sarcástico nos lábios.

Mal ele saiu, mamãe tirou as bandagens e ficou aplicando as compressas até a manhã seguinte. Faltavam duas horas para a viagem quando o médico entrou no barracão. Ele ficou parado com os olhos arregalados e a boca aberta. Parecia não acreditar no que via: a perna de Ludmila estava com a pele negra, porém totalmente seca. Balançou a cabeça e assinou a alta. Daquela vez não foi a mão invisível que nos salvou — foram os grãozinhos de permanganato de tia Anfissa.

Em poucas horas entrávamos nos barracões do campo de Seedorf, o sétimo campo desde que saíramos da Ucrânia. Lá saberíamos de qual porto e em qual navio zarparíamos para o Brasil.

Já no mês seguinte nos foi dito que partiríamos de Nápoles. Permitiram desmontar e levar um beliche. Pelo menos teríamos onde dormir assim que chegássemos ao Brasil.

Papai estava com febre e, temendo nova proibição de viajar, escondemos o fato. Para poupá-lo, mamãe e eu carregamos nosso baú pelas alças de couro e as camas desmontadas nas cabeças até o caminhão que nos levou ao trem que nos transportaria até Nápoles. Dessa vez iríamos de vagão-leito.

Todos os nossos documentos e os recibos das bagagens estavam com os ingleses da IRO que nos acompanhariam até o porto. A viagem foi extraordinária. Em nada parecia com os trens em que eu andara até então. Dormimos em leitos com lençóis e cobertores, comemos no vagão-restaurante em pratos de louça e bebemos em copos de vidro. Confortavelmente instalada na poltrona de veludo, rosto colado na janela, eu não desgrudava os olhos da paisagem. Via passarem cidades, aldeias, florestas e montanhas. Pela janela, dava adeus à Alemanha.

O trem atravessou a fronteira e parou numa pequena estação — a de controle de passaportes e alfândega da Itália. Nossos acompanhantes ingleses ficaram encarregados das formalidades aduaneiras. Não podíamos sair do vagão e nem mesmo abrir as janelas. Os guardas uniformizados que circulavam pela plataforma em nada lembravam os jovens soldados italianos que ocuparam Stálino. Disseram-me que eram os *carabinieri*.

Quando alguém gritou "Olha o Mediterrâneo!" e vi de longe uma faixa azul-turquesa, meu coração parou e depois acelerou em louca disparada. Não podia acreditar nos meus olhos. Era impossível que a água pudesse ser daquela cor. Pensei estar diante de uma miragem. Mas não. Mais de perto constatei que além de turquesa o mar era às vezes cor de anil.

Da estação de Nápoles fomos levados em caminhões para Salerno, onde ficava nosso oitavo campo de trânsito, chamado Ponte Cagnana. E, em poucas semanas, fomos transferidos de novo para Nápoles, para o campo de trânsito Bagnoli. O nono.

Bagnoli havia sido uma caserna militar durante a guerra. Tinha construções de três andares e era cercado por um muro grosso de pedras. Ficava no alto de uma colina e, do segundo e do terceiro andar, podia-se ver toda a Nápoles, o azul do Mediterrâneo e o Vesúvio. Ao olhar para o vulcão, eu matava as saudades dos cones de carvão nas estepes da minha infância. Apesar de ser muito maior, de longe o Vesúvio parecia igualzinho aos coniformes montículos de Donbáss.

Foi em Bagnoli, num dia quente de verão, que dei uma mordida no que pensei ser um grande, vermelho e suculento tomate. Dei a mordida e cuspi. Meu palato rejeitou a polpa. Não foi o paladar esperado que entrou na minha boca. Era doce e gosmento. Nunca tinha visto um caqui, tampouco sabia da sua existência. Levei muitos anos para dar uma nova mordida. E quando dei, gostei.

Papai melhorou e Ludmila parecia mais saudável do que nunca. Até a véspera do embarque, eu e Lutzi trabalhamos na cozinha do campo. Aprendi a fazer comidas novas. A abobrinha verde, recheada de carne, acabei fazendo muitas vezes no Brasil com grande sucesso. Todo dia eu roubava um ou dois grandes limões amarelos, os sicilianos. Mamãe os guardava num saco para chuparmos no navio durante a viagem. Ela explicou:

— É importante chupar os limões para prevenir o enjoo caso alguém fique mareado na travessia.

Em 8 de julho de 1949, subimos no *S.S. Charlton Sovereign*, um navio de guerra inglês adaptado para o transporte de emigrantes e para carga. Não posso chamá-lo de "campo", mas era quase. Tinha três andares e um porão. No andar superior, ficavam o refeitório, a enfermaria, uma pequena biblioteca e os alojamentos da tripulação e da equipe inglesa que, de posse dos nossos documentos, nos acompanhava. Fazíamos uso da biblioteca, comíamos no refeitório com os ingleses e passávamos os dias no convés. Mas à noite tínhamos que descer.

Foto 30: O tão sonhado cartão de embarque. Em 8 de julho de 1949, eu subia a bordo do SS Charlton Sovereign, *em Nápoles, rumo ao Brasil*

O segundo e o terceiro andares consistiam de vãos contínuos, com beliches enfileirados, toaletes e chuveiros. O segundo era ocupado por mulheres e crianças. Quando o navio estava carregado, as ondas lambiam as escotilhas. No terceiro andar, abaixo do nível da água, dormiam os homens. Nosso navio era talvez um pouco melhor do que um cargueiro de quinta categoria. Mas para mim o *S.S. Charlton Sovereign* se equiparava a um transatlântico de luxo.

Zarpamos ao pôr do sol. Estava navegando para o Brasil e repassava na minha cabeça o versinho de Rudyard Kipling, no qual ele lamenta nunca ter estado "na distante Amazônia". E eis que *eu* navegava para lá, "de leste a oeste", "da terra mar adentro", para um novo mundo, para uma nova vida.

No convés celebravam uma missa. Fiquei debruçada sobre a borda do navio, olhando a terra se afastar. Estava me despedindo da Europa. Adeus, Vesúvio! Adeus, União Soviética! Adeus, Stalin!

Foto 31: A última foto em solo europeu. Na popa do SS Charlton Sovereign, *papai, mamãe, eu e Ludmila (mãe de Lutzi) não conseguíamos esconder nossa felicidade. À esquerda e ao fundo, o Vesúvio se despede de nós*

Epílogo

Minha Curiosa Trajetória Bumerangue

O slogan de uma transportadora, "O mundo gira e a Lusitana roda", pode ser aplicado à minha curiosa e inesperada trajetória: Ucrânia, Polônia, Alemanha, Itália, Brasil, Rússia, Ucrânia. O mundo girou, a Lusitana rodou, e eis que eu, feito um bumerangue arremessado em setembro de 1943 da Ucrânia, parei no Brasil em julho de 1949 e voltei à Ucrânia em 1992.

Em junho de 1991, em plena *glasnost* e *perestroika* de Gorbatchev, fui convidada para um coquetel na residência do cônsul-geral da União Soviética no Rio. Fui com o meu primo Génia, que estava em sua terceira visita ao Brasil. Com a presença do primeiro-ministro da República Soviética da Ucrânia, Vitold Pávlovitch Fókin, foi comemorada a inauguração de voos regulares Moscou-Rio-Moscou, operados pela Aeroflót. Conversei bastante com o ministro Fókin. Ele me perguntou como eu tinha ido parar no Brasil. Contei minha história, e ele me felicitou por meu belo russo e passamos a contar piadas.

Rimos muito e cantamos em dueto várias canções ucranianas. Na despedida, quando o vi tirar do bolso seu cartão de visitas, tirei também o meu. Escreveu algo no verso do cartão e disse:

— Vou lhe dar uma coisa que não costumo dar a ninguém.

Ao que respondi:

— Também vou lhe dar algo que dou somente a poucos.

— Mas eu estou lhe dando o número do meu telefone direto e o da minha residência. Espero que você me telefone quando visitar Kiev.

— Eu também estou lhe dando o número do telefone da minha residência e também pode me ligar quando quiser.

Pensei, mas não disse, que era muito mais provável ele voltar ao Rio e me telefonar do que eu ir a Kiev. Voltar à União Soviética era algo totalmente fora de cogitação. Afinal de contas, eu, além de portadora de uma certidão de nascimento falsa, era filha de um "traidor da pátria".

Mas eis que dois meses depois, em agosto de 1991, era decretado o fim da União Soviética, e a Ucrânia tornava-se um país independente.

Em abril de 1992, fui convidada pelo consulado da Rússia a participar em Moscou do Primeiro Congresso Internacional de Culturas e Escritas Eslavas. Estiquei a viagem à Ucrânia.

Para alguém do exterior ser convidado a participar do Congresso, tinha que preencher duas condições *sine qua non:* ter contribuído para a cultura eslava e ser de origem eslava. Fui convidada por ser autora de dois verbetes da *Enciclopédia Mirador*: "História da Rússia" e "História da Bielorrússia", além de ser de origem eslava.

Meus pais eram considerados "traidores da pátria" por não terem se repatriado. Sempre tive medo das prováveis consequências disso. Mas, ao longo de 49 anos, houve muitas mudanças por lá, culminando com as de agosto de 1991.

Deram-me dois dias para decidir. Que fim de semana mais conflitante! O convite me tirou do sério. A ideia de voltar às raízes depois de quase meio século de ausência e, ainda por cima, daquela maneira me enchia de satisfação, orgulho e alegria. Mas o pragmatismo da realidade concreta me ancorava bem aqui. Venceu a alegria. Após telefonemas incessantes, como que por encanto, tudo foi se ajeitando, os impedimentos desapareciam, possibilitando minha ida.

Lá fui eu ao encontro do desconhecido-conhecido. Ao chegar a Moscou, fui agradavelmente surpreendida no aeroporto pela rapidez da liberação dos passageiros, da bagagem e da alfândega. Levava presentes não somente para os meus, como também encomendas dos meus amigos russos daqui para seus familiares. Temia complicações que não aconteceram.

No saguão, parentes e amigos me esperavam com buquês de tulipas, muguets e lilases. Alguns deles eu conhecia de antes, outros conheci ali na hora.

Meu russo "congelara" em 1943. Falávamos entre nós o russo que trouxemos daquela época. A leitura dos clássicos enriquecia a língua erudita, mas não a falada, do dia a dia. Por isso, desde minha chegada ao Brasil e até minha primeira volta à Rússia, cada vez que delegações artísticas, culturais ou científicas soviéticas vinham ao Rio, eu procurava me aproximar deles para ouvir como soava o "atual russo falado". Convidava-os para jantares na minha casa, mostrava-lhes o Rio e me tornei amiga de muitos. Alguns me recebiam no aeroporto de Moscou; outros me convidavam para almoços e jantares em suas casas.

Beijos, abraços, risos e lágrimas. Aromas, cores, sons, formas e movimentos. A Rússia me recebia de braços abertos. Era a volta da filha pródiga à casa. Moscou pareceu-me uma noiva, com uma grinalda feita de inúmeras cúpulas bizantinas no altar ricamente ornamentado por castanheiras, lilases, macieiras e cerejeiras em flor. A cidade era iluminada por um sol que parecia ser muito mais brasileiro do que russo, enquanto os rouxinóis faziam as vezes da orquestra.

Chamava a atenção o estado deteriorado da pavimentação das estradas, das ruas e das fachadas dos prédios novos e antigos; a ausência de vitrines, lojas, restaurantes (de bares e botecos nem se fala!). O luxo nababesco das estações de metrô, produto dos surtos megalomaníacos de Stalin, contrastava com os frequentes enguiços das imensas escadas rolantes. Mas os trens eram limpos, rápidos e pontuais.

O convite oficial compreendia, além da participação no Congresso, estada, alimentação, transporte, idas a teatros, eventos etc. durante dez dias. Como cheguei alguns dias antes e planejava permanecer umas semanas após o término do evento, parentes e amigos combinaram um rodízio para me hospedar.

Dessa maneira fui duplamente beneficiada: não paguei hotel (o mais barato saía por cem dólares a diária) e tive a oportunidade de viver, observar e sentir de perto a vida de cinco famílias em Moscou, São Petersburgo e Kiev.

Andava muito mais de metrô, trólei, bonde e ônibus (estes últimos caindo aos pedaços, por total falta de peças de reposição) do que de carro ou táxi. Os táxis eram um capítulo à parte. Por falta crônica de gasolina a preços oficiais, que segundo os russos era um problema antigo, aos taxistas foi liberado aceitar ou recusar um passageiro e cobrar dele o que bem entendessem. Os carros particulares também tinham o direito de pegar passageiros. Era uma carona paga.

Quando, ao levantar meu braço, um carro particular parava, travava-se o seguinte diálogo: "Você pode me dar uma 'carona' a tal lugar?" Na maioria das vezes o motorista "podia". Eu perguntava: "Quanto você 'toma' (cobra)?" E ele: "Quanto você 'dá' (paga)?" Como eu já sabia quanto "davam" de um lugar a outro, dizia que "dava" tanto. Geralmente ele concordava com o preço.

Eu abria a porta da frente, sentava ao seu lado e no caminho ele perguntava de onde eu era. Por falar russo tão bem quanto eles, nas poucas vezes que peguei um táxi, ou uma carona paga de um carro particular, se dissesse que era do Brasil, em vez de pagar 25 rublos (vinte centavos de dólar), pagaria vinte dólares. Em Moscou eu dizia que era de Kiev, e em Kiev que era de Moscou. "Como está a vida em Kiev?", perguntavam. "Está muito pior do que aqui", respondia. Em Kiev, eu dizia que a vida "muito pior" estava em Moscou.

Tinha pena dos russos (eram sistematicamente rejeitados) e dos estrangeiros (absurdamente explorados). Uma corrida do aeroporto ao centro da cidade podia custar, dependendo da vontade do motorista, cinquenta, cem, 150 ou até duzentos dólares.

Os salários e as aposentadorias eram — e continuam sendo — extremamente baixos, comparados ao preço das coisas. No país funcionava uma economia de escambo. Só que não era produto por produto, e, sim, venda e revenda. Nas lojas não havia praticamente nada. Nas calçadas havia de tudo. Nossa camelotagem passa a ser um pálido eufemismo comparada com a da Rússia dos anos 1990.

Eu a divido em três categorias. A esmagadora maioria (milhares de homens e mulheres de todas as idades) ficava em pé, nos dois lados da calçada. Corpo a corpo, face a face, formavam uma espécie de corredor polonês. Sacola no chão entre as pernas, mercadoria nas mãos diante do corpo. Eram os "sacoleiros". Traziam a muamba do "Paraguai" deles: Turquia, Coreia do Norte, países bálticos, ex-países-satélites soviéticos. Vendiam de tudo: tênis, roupa de baixo, guarda-chuvas, óleo, garrafas térmicas, cigarros, maquiagem etc. Ficavam ao longo das calçadas próximas às estações de trem, das principais estações de metrô, ou em outros pontos de grande circulação.

A segunda categoria parece mais com os nossos camelôs. Ficavam nos locais de maior circulação de turistas e nas ruas reservadas aos pedestres. Eram todos jovens, querendo parecer executivos moderninhos — com cabelos à la *yuppie* —, sentados diante de tabuleiros repletos de artesanatos típicos (além das tradicionais *matrióshka*, havia bonecas com a cara de Gorbatchev, Yeltsin ou de santos), caixinhas com maquiagem em miniatura, joias e bijuterias de âmbar e prata, livros, ícones "antigos" (muitos deles falsificados). Enfim, uma mescla de feira hippie com de antiguidades.

Havia também a classe dos "mais estabelecidos". Ocupavam quiosques do tamanho de uma pequena cabine policial e lembravam, pela variedade de mercadorias grudadas nas janelinhas-vitrines, nossos antigos empórios. Lá se podiam ver bolinhas de pingue-pongue, cueca, xampu, chocolate, vodca, tênis, cigarros, meias femininas, biscoitos, perfumes, latas de caviar, salames etc.

E todos eles, os das três categorias, se denominavam *businessmen*. Aliás, as palavras mais em uso em Moscou eram *business, businessman, computer* e *fax*. E isso, com poucas exceções, abrangia todas as classes culturais e sociais. Várias vezes participei de diálogos como: "Qual é o número do seu fax?" "Eu não tenho fax", eu respondia. "Como você não tem fax?", indagavam com o maior espanto. Alguns acrescentavam: "Então, me passe seus dados que você vai entrar no meu *computer*." Em 1992, poucos no Brasil tinham fax em casa, e menos ainda um computador.

A ingenuidade, até entre as pessoas mais cultas, sobre o "economia de mercado" chegava a ser patética. Foram-me oferecidas várias oportunidades de *business*: da boneca *matrióshka* até aviões a jato. Fantasiavam que todo estrangeiro era um elo em potencial para grandes negócios, através dos quais eles enriqueceriam e viveriam felizes para sempre.

Sempre ouvia falar que um estrangeiro era logo identificado por suas roupas e seus sapatos. Não mais. Mulheres e moças muito bem-vestidas eram uma visão comum. No entanto, para os padrões brasileiros, elas estavam totalmente fora de propósito quanto à hora e ao local. Desde as primeiras horas da manhã, nas ruas, nos trens e nos coletivos, tinha-se a impressão de que elas iam a uma recepção, estreia ou casamento.

Outra coisa que chamou muito a minha atenção era a maquiagem exagerada das jovens. No início pensava tratar-se de prostitutas. Há muita prostituição nos hotéis. Chamavam as meninas de *inter-diévotchki*, "intermeninas". Perguntei por quê: "Hoje ela está com um americano, amanhã com um alemão, depois com um francês ou italiano. São internacionais." Mas a quantidade delas por toda parte me fez levantar uma questão: "Será que tem clientela para tantas?" Logo achei a resposta.

Todos, ao saberem que eu viera do Brasil, me faziam a mesma pergunta: "Como termina *Os Ricos Também Choram*?" É que, alguns anos antes, tinha passado lá nossa novela *A Escrava Isaura*, com um estrondoso sucesso. A novela mexicana, que os russos pensavam ser brasileira, era transmitida em dois horários, de manhã e à noite, quando tudo parava. Houve até protesto de lavradores e ordenhadoras quanto aos horários, incompatíveis com o trabalho deles. Ameaçaram entrar em greve, pois não queriam perder os capítulos. A programação foi então alterada. A mulher mexicana se pinta muito e as russas imitavam o "modo ocidental de ser".

Mas havia também outra visão nas ruas e nos coletivos. Era a dos homens, de todas as idades, carregando flores. Um, dois, três cravos. Uma, duas, três rosas ou outras flores quaisquer. Levavam-nas para suas mulheres, namoradas, colegas. Francamente, jamais vi, em canto algum, tanto homem com flores como ali. Era comovente e enternecedor.

Havia falta de tudo. Amigos brasileiros que moram no país me haviam prevenido para levar papel higiênico. Assim o fiz. Foi meu maior tesouro. Papel higiênico simplesmente não existia fora do hotel. Em casa, usavam jornal, e até cartolina eu vi.

Mas a falta e as filas não eram novidade para mim. Antes da guerra já era assim. Desde aquela época e até o início dos anos 1990, o russo carregava no bolso a *avósika*, "e se por acaso". Só que passaram a chamá-la de *nitchivósika*, serve para "coisa nenhuma".

Havia falta de tudo nas lojas (na rua tinham de tudo, mas era muito mais caro). Faltava desde gêneros alimentícios (não havia açúcar nas lojas de Moscou) até itens de primeira necessidade, como produtos de limpeza ou fósforos.

Ao saber disso, procurava sempre levar da rua algo para a casa onde estava hospedada. Certo dia, vi algumas lâmpadas elétricas em cima de um tabuleiro. Perguntei de quantos watts eram. E o rapaz, espantado, indagou:

— Qual a diferença?

— Como, qual a diferença? Mais watts, mais luz, menos watts, menos luz.

— Não vai ter luz nenhuma. Elas estão queimadas.

E, ante meu espanto, exclamou:

— Você é de onde? Caiu da lua?

— Não, caí de Kiev.

Ele me explicou que a pessoa comprava a lâmpada queimada, levava para o trabalho e a trocava por uma boa. O povo russo, como no Brasil, se vira como pode, cada qual mais inventivo e com mais imaginação do que o outro. Havia, porém, uma coisa na Rússia que não há aqui: medo da guerra. Medo não, pavor. Falavam da guerra que acabou em 1945 como se fosse ontem. Aliás, nas ruas e nos coletivos, ao pegar "carona" nas conversas, eu detectava sempre dois temas predominantes: guerra e onde conseguir e quanto custava algum produto. Em geral, comida.

A situação quanto aos gêneros alimentícios era muito mais aguda na Rússia do que na Ucrânia, que, pela primeira vez em sua história, conseguia a independência. Em compensação, existiam marcas do desastre de Chernobyl, ocorrido em 1986. Havia 620 mil crianças entre zero e 16 anos vítimas do desastre atômico. A maioria em Kiev e arredores.

Havia mutantes. Vi fotografias em Kiev, na Fundação Internacional às Vítimas de Chernobyl, de crianças com cinco braços, um olho ciclópico na testa, duas cabeças... Degenerações genéticas de proporções não divulgadas por temor do "pânico mundial".

Reprimida havia quase um século na sua liberdade de ação, expressão ou exercício das religiões, a ex-URSS, então fragmentada em diversas repúblicas independentes, parecia um cavalo preso na cocheira por muito tempo para o qual abriram as portas da baia. Ele galopa sem direção, sem destino, em círculos, dá pulos e coices. Era minha impressão da atitude dos povos de lá. Surgiram fanatismos religiosos e misticismo que dão de dez a zero no Brasil.

Em virtude da fragmentação étnica, surgiu o desejo de afirmação cultural através de agrupamentos regionais, negando ou mesmo perseguindo tudo e todos diferentes de sua cultura ou etnia. Havia um desejo de autossuficiência econômica e, ao mesmo tempo, de integração com o restante do mundo. Mas tudo isso no galope de um cavalo solto da baia. Fiquei assustada.

No Congresso, ouvi coisas muito interessantes, outras aterrorizantes. Como a exposição de um acadêmico sérvio:

— Trago uma proposta concreta para a necessidade da união de eslavos; uma luta sem trégua contra o satanismo!

Foi-lhe pedido que definisse satanismo. Respondeu que não iria entrar em "discussões teóricas", pois o satanismo era uma abstração. Eu não aguentei. Pedi a palavra e perguntei como ele fazia uma proposta "concreta" sugerindo meios para combater o "abstrato". Pedi que definisse, sim. Irritado, ele deu exemplos do que seria o "satanismo":

— É o Papa de Roma, a maçonaria, os evangélicos, os judeus, os muçulmanos...

Tive a impressão de estar diante de um aiatolá Khomeini, de um Saddam Hussein, e não de um catedrático, historiador da Iugoslávia.

Três semanas antes da conferência haviam começado os primeiros incidentes na Iugoslávia, na região da Bósnia-Herzegóvina, entre os sérvios cristãos ortodoxos, os croatas católicos e os bósnios muçulmanos. Deu no que deu. Os incidentes se transformaram numa guerra civil, que durou até 1995 e resultou em 200 mil mortos.

Sempre que uma pessoa no poder se sente ameaçada pelo descontentamento dos que a rodeiam, ela aponta um inimigo externo e o acusa de ser o culpado de todas as desgraças. Afirma que, somente quando o inimigo estiver liquidado, é que se atingirá o bem comum. O antissemitismo dos russos, ucranianos e poloneses é histórico. A frase "Abata os judeus e salve a Rússia" tem centenas de anos. Só que naquela ocasião não eram somente os judeus ou os ciganos. Eram todos os outros. Os diferentes.

Aquilo estava ocorrendo com mais frequência em repúblicas menores. Não tinha chegado ainda (e esperava de coração que não chegasse) a confrontos abertos, nem na Rússia nem na Ucrânia. Mas o sentimento estava lá.

Eu tinha razão em me sentir assustada. Em 1994 explodiu a guerra na Chechênia que dura até hoje. Em 2004, houve o massacre na escola de Beslan que resultou em centenas de mortos.

Ouvi duas piadas em Kiev:

Um homem está limpando a espingarda. A mulher lhe pergunta por quê. Diz que vai caçar. A mulher argumenta que a estação da caça já passou. Ele responde:

— Talvez eu mate um moscovita...

— E se ele te matar primeiro?

Espantado, o homem pergunta:

— A mim? Por quê? O que foi que eu fiz?

A outra piada aborda uma sessão no parlamento de Kiev. O presidente da mesa pergunta aos deputados inscritos para pronunciamentos:

— Microfone número um. Senhor deputado, qual é seu tema?

— Racismo.

— Racismo está fora da pauta. Próximo. Microfone número dois. Senhor deputado, qual o seu tema?

— Racismo.

— Racismo está fora da pauta. Próximo. Microfone número três. Senhor deputado, qual é o seu tema?

— Ecologia.

— Ecologia está em pauta. Prossiga.

— Senhores deputados. Cortaram todas as árvores. Não sobrou uma sequer para enforcar um moscovita. Secaram todos os rios. Não sobrou um sequer para afogar um judeu.

Os russos mais esclarecidos e sábios têm razão: as mudanças se deram muito rapidamente, sem preparo nem elaboração. Vai precisar passar o tempo de no mínimo duas gerações, até que tranquilamente possam seguir seus caminhos étnicos, culturais, religiosos e econômicos. Isto é, se conseguirem sobreviver até lá. Ou se a Rússia não for vendida numa grande liquidação.

Há muito em comum entre o povo russo e o brasileiro. Nas atitudes, no "jeitinho", na habilidade de se virar, na malandragem, na tendência à transgressão, mas também na hospitalidade, na bondade, na ingenuidade, no sentimentalismo, no lirismo, no estoicismo, na criatividade e na eterna esperança de uma vida melhor.

Aqui dizemos que a "esperança é a última que morre". Na Rússia, o poeta do século XIX Nekrassov escreveu: "Aguentará tudo o nosso grande povo. Aguentará também este caminho de espinhos, aguentará tudo o que o Deus mandar. Aguentará tudo e aí abrirá com o seu próprio peito um largo e luminoso caminho. Eu só lamento que esta época maravilhosa não conseguiremos ver, nem eu nem você..."

Perguntei à mulher que tomava conta do vestiário na Filarmônica de São Petersburgo como ela via a vida atual na Rússia. E sua resposta foi:

— Ainda estamos abrindo o "largo e o luminoso".

Pois é. Acho que por essas e por outras é que respondo, espontânea e sinceramente, à pergunta: como me senti na Rússia? Em casa, como se eu nunca tivesse saído de lá. Aromas, cheiros, movimentos, formas e sons me eram familiares. Não estranhava nada. Porém, quando, ao ouvir essas minhas afirmações, as pessoas me perguntam se eu gostaria de morar lá, respondo que *não*. *Não*, porque aquilo lá é como se fosse a casa dos meus pais. Quando, depois de montarmos nossa própria casa, visitamos a dos nossos pais, tudo nos é familiar. Não estranhamos nada. Nós nos sentimos em casa, mas não na *nossa* casa. Na Rússia, eu me senti em casa; só que não era a minha casa. Minha casa é aqui.

Terminado o Congresso em Moscou, em maio de 1992, viajei de trem para Kiev, com Génia e a esposa. Meu primo me acomodou no apartamento deles de um só cômodo. O casal passou a dormir com os sogros num apartamento maior no mesmo prédio. Pelo rádio escutávamos os debates e as brigas que ocorriam naquele momento no Parlamento ucraniano. Estavam votando se o pró-russo Fókin continuaria ou não primeiro-ministro.

— Sabe, Génia, vamos logo telefonar para o Fókin enquanto ele ainda é Fókin — eu disse.

Peguei o cartão que um ano antes Fókin havia me dado no Rio e liguei para seu número direto. O secretário particular atendeu. Apresentei-me e ouvi que o ministro estava ao telefone com o presidente da Bielorrússia, que a conversa provavelmente iria demorar. A fim de apressar o retorno ao meu telefonema, disse que ia permanecer em Kiev por dois dias. Deixei minhas coordenadas e saímos para passear pela cidade. Na saída, ouvi pelo rádio que a votação no Parlamento tinha começado.

Tomamos o bonde e Génia disse que iríamos passar pela avenida principal, exatamente entre o Parlamento, onde o destino de Fókin estava sendo decidido, e o prédio do gabinete do ministro. As janelas do ministério davam para o Parlamento, do outro lado da rua. A praça em frente estava lotada de gente com bandeiras ucranianas e cartazes. Quis ver tudo de perto. Saltamos do bonde e nos juntamos à multidão. Num dos cartazes estava escrito "Fora com o lambedor da bunda dos russos". Pedi a Génia que tirasse umas fotos minhas entre as bandeiras. Depois prosseguimos com nosso passeio.

Fazia muito calor e eu estava suada e cansada. Na volta soubemos que a votação tinha acabado a favor de Fókin. Em casa recebemos a notícia de que haviam telefonado do gabinete do ministro e que um carro passaria para me buscar em meia hora. Tomamos banho e nos arrumamos em tempo recorde.

Quando descemos, um imponente carro preto estava estacionado diante da portaria do prédio caindo aos pedaços, num quintal que mais parecia com o dos conjuntos residenciais mais pobres do Rio. Um motorista ao volante e um homem alto, forte e elegantemente vestido em pé ao lado do carro esperavam por mim. Das janelas, vizinhos observavam a cena inusitada. O homem me cumprimentou, se apresentou como secretário particular do ministro e abriu a porta do carro para eu entrar. Ao ver que Génia se aproximava, barrou-o com o braço:

— Só a senhora. Ele não vai.

Saí do carro e retruquei:

— Ou ele vai ou eu fico. Só vou se for com ele. É meu primo e o ministro o conheceu no ano passado na viagem ao Rio. Até cantou músicas ucranianas com ele?!

Diante do argumento, o homem pediu desculpas e com um largo gesto e um "por favor" convidou nós dois a entrarmos. Em poucos minutos estávamos num imenso gabinete diante de Fókin, que, sorridente, vinha de abraços abertos ao nosso encontro.

Não sei se toda aquela alegria foi por nos ver ou se foi por ele ter se mantido no cargo. Ou talvez pelas duas coisas. O fato é que uma bandeja com xícaras de chá e de café estava pousada numa mesinha entre o sofá e as duas poltronas de couro preto. O mesmo secretário que nos acompanhou até o gabinete apareceu com outra bandeja cheia de biscoitos e doces. Ficamos conversando por mais de duas horas.

Achamos muitos pontos em comum. Ele é de Losovaya, cidade onde meu pai nasceu e onde a mãe do ministro foi professora de russo. O pai era engenheiro de minas e trabalhou em Donétsk, onde se formou em mineralogia. Eu levara do Brasil vários suvenires típicos, como umas caixinhas com uma coleção de pedras semipreciosas, brutas. Presenteei-lhe com duas diferentes. A alegria dele ao ver o conteúdo das caixas foi tão grande e genuína que me desconcertou. Parecia uma criança que bate palmas ao ganhar um brinquedo. Poderia se pensar que eu lhe tinha dado uma coleção de pedras preciosas lapidadas. O ministro então falou de sua paixão por minérios. Disse que os colecionava de todos os tipos e origens e nos convidou para ver sua coleção.

Abriu uma porta, camuflada no painel de madeira que cobria a parede atrás da sua mesa de trabalho, e nos conduziu a uma sala contígua, que parecia um museu. As prateleiras envidraçadas, repletas de pedras de vários tipos, formas, cores e tamanhos, em estado bruto ou polidas, iluminadas por uma luz oblíqua, ocupavam todas as paredes.

— Escolha uma. A que você quiser.

Escolhi uma da qual até hoje não sei o nome. Com cerca de 20 centímetros de altura, de um marrom-escuro quase preto, raiada de amarelo com manchas de vermelho e polida só de um lado, ela enfeita uma das minhas prateleiras de livros. O ministro presenteou-me também com um vaso em forma de uma flor de lis lilás-claro. O vaso é de vidro ucraniano, mas parece cristal Lalique. Génia tirou fotos de nós dois, despedimo-nos como velhos amigos e o carro escuro nos levou de volta para casa. Tenho fotos minhas tiradas no intervalo de poucas horas entre os manifestantes antiFókin e abraçada com o próprio.

A abertura da segunda frequência semanal para os voos da Aeroflót foi mais uma vez comemorada no consulado da Rússia em março de 1993. Uma ideia me ocorreu durante o coquetel: "Se abriram a segunda frequência semanal, então há passageiros e turistas. Se há turistas, então alguém os está recebendo. Se alguém os está recebendo, então por que não eu?"

Mal consegui dormir naquela noite. No dia seguinte falei da minha ideia ao meu companheiro de Rotary Luiz Strauss, dono de uma agência de turismo, e propus uma parceria: ele entraria com a infraestrutura e eu com o *know-how*. Ele deve ter pensado que eu era louca ou estava delirando. O que uma psicanalista poderia entender de turismo? Foi muito gentil e delicado, mas com diplomacia tentou me dissuadir. Disse que o turismo receptivo estava em baixa, que ao lerem sobre a chacina da Candelária ou o massacre do Carandiru, vários grupos e turistas individuais vinham sistematicamente cancelando suas reservas.

Eu contra-argumentei:

— Apesar da mesma palavra, "turista", estamos falando de duas categorias diferentes. Enquanto os turistas que você costuma receber têm "jogo de cintura" para mudar o destino da viagem diante de uma situação que lhes parece ameaçadora, o turista russo está sendo turista pela primeira vez na sua história. A violência não o assusta, e o primeiro lugar para onde todo ex-soviético sonha viajar é o Brasil. O Rio de Janeiro em particular e a praia de Copacabana especificamente. De acordo com Ostáp Bender, em Copacabana "todos andam de chapéu-panamá e de calça branca". Este desejo faz parte do inconsciente coletivo de um russo.

Contei-lhe ainda que Ostáp Bender é um personagem dos livros escritos a quatro mãos pelos humoristas russos Ilya Ilf e Evgueni Petrov. Nos livros *As Doze Cadeiras* (1928) e *Bezerrinho de Ouro* (1931), Ostáp, um simpático picareta, apronta inúmeros golpes com um único objetivo: juntar ouro e fugir para o Brasil. E ele sempre repetia a mesma frase: "Onde pelas calçadas da praia de Copacabana todos andam de chapéu-panamá e de calça branca." Na época em que os livros foram escritos, no Brasil se usavam ternos brancos e chapéus-panamá. Todos os russos que vêm aqui pela primeira vez logo dizem: "Quero ver a praia de Copacabana, onde todos..."

Em quase vinte anos houve tantas mudanças na Rússia que eu não posso mais dizer que "estou em casa". Moscou hoje é a cidade mais cara do mundo. O metro quadrado no Centro é mais caro do que na Vieira Souto, em Ipanema, e concentra um incrível número de novos milionários. A cidade cintila de noite com néon colorido, feito uma Times Square. O número de cassinos que funcionam 24 horas é superado apenas pelo de Las Vegas.

As vitrines das lojas e butiques, das mais caras e famosas marcas e grifes do mundo, superam em quantidade (e preço) as de Paris e Zurique. Grande parte da população continua pobre, mas o turista ficou mais sofisticado — e menos ingênuo. Ninguém mais pergunta onde foram parar as calças brancas e os chapéus-panamá que passeavam nas calçadas de Copacabana.

Por fim, eu disse a Luiz que conhecia melhor o perfil de um ex-soviético do que qualquer brasileiro. Parece que meus argumentos o convenceram. Dois dias depois ele me telefonou perguntando se eu estaria disposta a viajar com ele para a Rússia. Em uma semana ocorreria a abertura da primeira Feira Internacional de Turismo de Moscou. A Embratur, com a embaixada brasileira na Rússia, estava preparando em Moscou um workshop sobre o turismo brasileiro e, em seguida, um em São Petersburgo.

Lembrei o que o embaixador do Brasil Sebastião de Rego Barros me contou durante o jantar na nossa embaixada em Moscou, em 1992: "Aqui, nenhuma assinatura é válida sem o carimbo redondo. Tivemos que mandar fazer o nosso na Finlândia — aqui, por causa da burocracia, ia demorar muito."

Encomendei então um carimbo com a logo da agência. Para não parecer neófita, me familiarizei com o jargão específico do turismo, fechamos o acordo de parceria e embarcamos para Moscou em minha primeira viagem profissional. Fizemos muitos contatos e firmamos alguns contratos, selados com "carimbo redondo". A partir de então, passei a receber turistas russos e ucranianos e a participar da feira em Moscou duas vezes por ano — uma grande em março e outra, menor, em setembro.

★ ★ ★

No fim dos anos 1990, um casal de turistas da Ucrânia veio ao Brasil, amigos de Fókin, naquela época não mais primeiro-ministro. Perguntei se levariam para ele um presente meu. Mandei uma lasca de pedra de São Tomé com impressões paleontológicas de uma samambaia. Ele me telefonou agradecendo. Disse que aquela se tornou a peça mais valiosa da sua coleção (eu a apanhei num monte de entulhos em São Tomé das Letras).

Em 2002 recebi um telefonema de Fókin. Ele estava no Rio para participar de um congresso mundial de petróleo e gás e queria se encontrar comigo. Busquei-o no hotel e fomos almoçar na lagoa Rodrigo de Freitas. Durante o almoço ele pediu que lhe contasse por qual caminho fomos de Stálino até a Polônia em 1943. Quando contei que paramos durante uma semana em Krivói Rog, ele começou a chorar. Perplexa, eu não sabia o que dizer, o que pensar. Entre lágrimas, ele falou:

— Íratchka, eu morava em Krivói Rog em 1943, e vocês ficaram hospedados na minha casa! Nós brincávamos no quintal e sua mãe ia até a porta e gritava. Lembro-me da voz como se fosse hoje: "Ira! Mila! Já para dentro."

Chorando, Fókin sentou ao meu lado e me abraçou. Não sei quanto tempo ficamos assim abraçados, numa ensolarada tarde do Rio de Janeiro, chorando em silêncio a nossa infância, sob os braços abertos do Cristo Redentor no alto do Corcovado...

Conheça mais sobre nossos livros e autores no site
www.objetiva.com.br
Disque-Objetiva: (21) 2233-1388

Este livro foi impresso na
LIS GRÁFICA E EDITORA LTDA.
Rua Felício Antônio Alves, 370 – Bonsucesso
CEP 07175-450 – Guarulhos – SP
Fone: (11) 3382-0777 – Fax: (11) 3382-0778
lisgrafica@lisgrafica.com.br – www.lisgrafica.com.br